让德育成为最美丽的风景

欣赏型德育模式的理念与操作

檀传宝 / 著

时代出版传媒股份有限公司
安徽教育出版社

图书在版编目(CIP)数据

让德育成为最美丽的风景:欣赏型德育模式的理念与操作/檀传宝著.—合肥:安徽教育出版社,2024.9(2025.10重印)
ISBN 978-7-5748-0135-6

Ⅰ.①让… Ⅱ.①檀… Ⅲ.①德育-研究 Ⅳ.
①G41

中国国家版本馆 CIP 数据核字(2024)第 030906 号

让德育成为最美丽的风景:欣赏型德育模式的理念与操作
RANG DEYU CHENGWEI ZUI MEILI DE FENGJING:
XINSHANGXING DEYU MOSHI DE LINIAN YU CAOZUO

出 版 人:王能玉
策划编辑:何　客
责任编辑:邰　旻
装帧设计:陈　爽
责任印制:陈善军

出版发行:安徽教育出版社
地　　址:合肥市经开区繁华大道西路 398 号　邮编:230601
网　　址:http://www.ahep.com.cn
营销电话:(0551)63683012,63683013
排　　版:安徽时代华印出版服务有限责任公司
印　　刷:安徽联众印刷有限公司

开　本:880 mm×1230 mm　1/32
印　张:9.75
字　数:160 千字
版　次:2024 年 9 月第 1 版
印　次:2025 年 10 月第 2 次印刷
定　价:48.00 元

(如发现印装质量问题,影响阅读,请与本社营销部联系调换)

目录

2024年版序言　1

引　言　1

一、我们为什么需要建立欣赏型德育模式　1

二、何谓德育模式和欣赏型德育模式　8

第一章　欣赏型德育模式的核心理念　12

一、反对灌输——解放教育对象　12

二、反对放任——提升教育对象　21

三、中间路线——让德育成为"一幅美丽的画""一曲动听的歌"　30

第二章　欣赏型德育模式追求的教育境界　38

一、"美真善"的文化境界　39

二、自由道德与审美德育　63

第三章　欣赏型德育模式操作的基本原理　88

一、德育内容与过程的审美化处理　88

二、师生关系的审美化重建 108

第四章 欣赏型德育模式的实践探索 135

一、欣赏型德育模式的教学处理和活动设计 136

二、欣赏型德育模式中师生关系的建立 156

三、欣赏型德育模式如何实现美育与德育的相互
支撑与融合 170

第五章 欣赏型德育模式的实践原则 181

一、自觉性原则 182

二、开放性原则 185

三、自由性（创造性）原则 190

附录Ⅰ 让道德学习在欣赏中完成
——试论欣赏型德育模式的具体建构 203

附录Ⅱ 让德育成为最美丽的风景
——与檀传宝教授谈"欣赏型德育
模式的建构" 234

附录Ⅲ 美学是未来的教育学
——兼论现代教育的审美救赎 244

2024年版序言

《让德育成为美丽的风景：欣赏型德育模式的理念与操作》一书最早由安徽教育出版社于2006年出版。作为国家社会科学基金"十五"规划（教育类）国家重点课题研究成果"欣赏型德育模式建构研究"系列丛书之一，本书曾经获得读者们较为广泛的关注，但很可惜的是许多读者反映已经许久都买不到拙作了（旧书价格高者已近十倍于定价矣）。现蒙出版社不弃，再以"让德育成为最美丽的风景：欣赏型德育模式的理念与操作"为名出版，实在是一件令人高兴的美事。

为了尽量保持本书"原汁原味"的本来风貌，本书只做了一些必要的资料更新和文字调整，并替换了一则反映后续研究心得的附录（见附录Ⅲ）。而一个比较小但十分重要的变化则是——斟酌再三，2024年版的书名在"美丽"之前加上了一个"最"字。其主要理由有两点。第一，道德文明本是人类心灵中最为璀璨的星空，道德教育所呈现的本来就应该是最美的风景。换言之，审美境界的达成本来就应该是德育的基本原理而非仅仅是改造实践的应急之策。第二，与本世纪之初相比较，2024年中国社会与教育的时空已经斗换星移，"满足人民日益增长的美好生活需要"已经成为全社会的共同奋斗目标，中国德育当然也应当为教育对象提供最优质的教育供给。故"让德育成为最美丽的风景"，是本书，也是全体教育工作者理所当然的时代追求。

熟悉我的读者都知道，欣赏型德育模式建构的理论基础，是我所一直主张的德育美学观（参见拙著《德育美学观》，山西教育出版社，1996；教育科学出版社，2006、2021；*The Aesthetic View of Moral Education*，Routledge，2024）。延续《德育美学观》的研究，我还出版过《美善相谐的教育》（黑龙江教育出版社，2003）、《让德育成为美丽的风景：欣赏型德育模式的理念与操作》（安徽教育出版社，2006）、《美学是未来的教育学：德育世界的探寻》（华东师范大学出版社，2015）、《真实的乌托邦：既善且美的教育建构》（中国人民大学出版社，2020）等著作，也发表过一系列论文，其中就包括 *An Exploration on the Promotion of the Quality of Life: the Theory and Practice of the*

2024 年版序言

Model of Moral Education through Aesthetic Appreciation (*MEAA*)[1]（2009 年下半年应邀到日本鸣门教育大学讲学期间的成果）等。而依据德育美学观与十多所中小学的教育工作者一起开展的"欣赏型德育模式的建构研究"，则是我最为努力，也最为自豪的教育理论与实践相结合的探索之一。该研究不仅获得过国家社科基金重点项目（2001 年）的支持，也在一些中小学产生过非常好的、实质性的影响（试验结束后，一些学校仍然将欣赏型德育模式作为学校的办学理念与特色长久坚持）。

《让德育成为美丽的风景：欣赏型德育模式的理念与操作》的正式出版（2006 年），距今已经十八年矣。十八年后，为什么还要坚持再版一本"老书"？也许最主要的原因就是本书创作的初心依然未变、欣赏型德育模式建构依然有十分重要的现实意义。该书 2006 年版的《序言》中曾经这样表述：

> "美丽的德育"是一个最伟大的理想，又是一种最平常的风景。

---

[1] [日]《鸣门教育大学学校研究纪要》，2011 年 2 月第 25 卷。

说她是一个最伟大的理想，是因为本课题的雄心是希望通过自己的探索找寻到一种解决"世界性德育矛盾或难题"的答案——一种既要避免强制灌输，又要坚持正面价值教育的可操作的德育方案。我们的梦想是，通过我们的努力让德育成为一项最人道的事业，成为一道最美丽的风景！

正如我们在最初的课题论证中曾经描述或者憧憬过的，欣赏型德育模式是一种希望内在地借鉴审美精神，以实现"解放教育对象"和"提升教育对象"双重教育使命相统一目标的德育实践模式。我们的基本理论假设是，道德教育的内容与形式如果可以经过审美化改造，成为"一幅美丽的画""一曲动听的歌"，那么与这幅画、这首歌相遇的人就会在"欣赏"中自由地接纳这幅画、这首歌所表达的价值内涵。道德教育的"价值引导"与道德主体的"自主建构"这两个相互对立的方面就可以在自由的"欣赏"过程中得以统一和完成，学校德育中广泛存在的"绝对主义"与"相对主义"的矛盾也就可能随之消解……

说她是一种最平常的风景，是因为欣赏型德育模式所追求的理想其实就是我们每一位平常的德育工作

2024 年版序言

者都曾经遭遇过的美丽。在我们的学校德育中,那些曾经打动过我们的学生也打动过我们自己的所有的人生智慧与伟大人格的光辉,那些曾经使我们感动和被感动的德育生活的美妙的瞬间都是我们所谓的"美丽的画""动听的歌"。问题是世界太大,期望无限,而美丽往往太少,以至于匆匆的我们常常忘记或小看了我们一直拥有的财富。而现在我们所要做的其实就是,认真地凝视、仔细地发掘,让"美丽的德育"从自发到自觉,从偶然到普遍。就是说,让"美丽的德育"不仅是一种花季过后令人感伤的落红,而且成为能够自觉重生无限灿烂的秋天里的金色的种子。

当然,到目前为止,"美丽的德育"还仍然是一颗小得不能再小的种子,离含苞的季节、开花的季节、收获的季节还远得很。不过山不在高,水不在深,种子也不在大。有阳光、有雨露、有你我他众多辛勤耕耘的人,总有一天,当春风推开清晨的大门的时候,满世界的美丽就会光亮得让我们睁不开惺忪的双眼!

…………

大段摘录以上文字,自然会让我再一次幸福回忆起在本世纪初与我志同道合、携手奋斗的试验学校的校长和老师们。[1]他们,无疑已经成为中国德育探索之路上一道"最美丽的风景"。没有他们,就没有本书许多宝贵心得。在此谨向所有校长、老师,以及所有课题组成员再一次表达我最诚挚的谢意。

本书再版,当然还应当感谢予以大力支持的安徽教育出版社的各位领导和编辑。他们在具体策划、编辑过程中以最为敬业、专业的工作实在为本书增色良多,最美好的他们无疑也是本书所谓"最美丽的风景"中的一部分。

最后,若从"欣赏型德育模式的建构研究"课题获准立项(2001年)算起,欣赏型德育模式的提出已经超过二十年了。我个人认为,与二十年前相比较,今天的中国德育更为迫切地需要在教育实践中弘扬德育美学观,并切实

---

[1] 国家社会科学基金"十五"规划(教育类)国家重点课题"欣赏型德育模式的建构研究"研究的持续时间分为两个阶段。第一阶段为2001年至2005年。其间,参与试验研究的学校包括杭州市大关小学、天津师范大学第二附属小学、珠海市前山中学、珠海市湾仔中学、深圳市龙岗区实验学校、合肥实验学校。第一阶段的研究成果后来以"欣赏型德育模式建构研究"系列丛书的形式结集出版(安徽教育出版社,2006),本书曾是丛书中由作者负责完成的一本著作。第二阶段为2006年至2010年,是课题研究结束后的延续研究。新增试验学校包括北京师范大学第二附属中学、北京市十一学校、北京汇文中学、北京市房山区城关小学、上海市枫泾中学、上海市七色花小学、天津市河西区天津小学、天津市河西区友谊路小学、武汉市常青第一中学、山西省实验小学等,所有参与学校都对"欣赏型德育模式的建构研究"做出了重要贡献。

2024 年版序言

建构起欣赏型德育模式。这一方面是因为强制灌输的惯习仍然挥之不去,甚至有愈演愈烈的趋势,德育亟须新的理念、模式来实现自我救赎;另一方面当然就是"满足人民日益增长的美好生活需要"的时代教育使命使然,也就是说,当代中国教育工作者有责任"让德育成为最美丽的风景"。由衷希望《让德育成为最美丽的风景:欣赏型德育模式的理念与操作》能够给有缘相遇的教育工作者带来精神的愉悦、实践的启发。

檀传宝

2024 年 1 月 8 日

于北京京师园三乐居

引　言

一、我们为什么需要建立欣赏型德育模式

"哪里有压迫，哪里就有反抗。"所有对于德育及其模式的探索，其实都来源于我们对于德育理想的追求和对于德育现实的不满。我们为什么需要建立欣赏型德育模式？我想，基本理由有如下几点。

1. 德育实践的呼唤

不管我们如何看待世界和中国教育，积极或者消极，恐怕我们都很难对当代德育现实有特别高的评价。从美国校园枪击事件的频频发生[1]，到日本以欺侮、校内暴力、

---

[1] 据《华盛顿邮报》统计，1999年至2017年，全美每年平均发生11起校园枪击事件，但自2018年开始，这一数字逐年攀升。美国儿科学会的技术报告指出，"校园枪击事件是过去半个世纪中出现的新现象，美国则是世界上校园枪击事件发生率最高的国家"。有统计显示，近一半的校园枪击案嫌犯是在校生，其中绝大部分都是本校学生。而校园枪手的年龄中位数是16岁，平均每10名校园枪手中就有7人未满18岁，枪支暴力低龄化成为美国枪支泛滥问题的"最丑一面"（梁凡：《校园枪声里的"锁门一代"》，《工人日报》2023年3月31日）。

逃学、班级崩溃为主要特征的"教育荒废"现象的日益严重,再到我国迄今仍较为普遍存在的"德育实效低下"的局面,德育,尤其是学校德育所面临的状况几乎一直是四面楚歌。虽然原因是多方面的,可以做不同的解读,但以下案例仍然是我们德育实效低下的一个突出证明。

未成年人犯罪案件剧增　穗筹建少年法院

【星岛网讯,2005年10月17日】广州市中级人民法院近日透露,鉴于广州日益严重的少年犯罪,作为最高院选定的设立少年法院首批试点城市,广州市目前正筹备建立广州市少年法院,其建立的机构设置、人员配备等重要环节已经基本就绪。

广州市中级人民法院统计的数据显示,广州市两级法院近年审判未成年人犯罪案件逐年上升,1998年审判生效的刑事犯罪未成年人有514人,2001年为935人,2004年则增至1584人。而2005年1月至9月,审判生效的刑事犯罪未成年人已经达到了1233人。最高法院有关部门提供的数据显示,从2000年到2004年,全国各级人民法院判决生效的未成年人犯罪的人数平均每年上升14.18%,2005年7月,又比上年同期上升了 23.96%。有关专家根据犯罪分类情况进行排列，排在前五位的少年犯罪依次是抢劫、盗窃、故意伤害、强奸、寻衅滋事。值得注意的是，上面的这种排列在一段时间内是相当稳定的。

近年来，广州市未成年人犯罪呈现上升趋势特点的同时，还具有犯罪年龄趋向低龄化、犯罪类型多样化、作案手段成人化、行为性质严重等特点。尽管早在十多年前广州市两级法院就设立了少年法庭，但由于少年法庭只是作为法院一个内部组织的局限性，迅猛的少年犯罪已使少年法庭不堪重负，成立少年法院已迫在眉睫。

2005 年的数据可能太旧，那么我们再看一则比较新的新闻。

最高人民检察院检察长张军在第十三届全国人民代表大会常务委员会第三十七次会议上所作关于人民检察院开展未成年人检察工作情况的报告显示，近年来，未成年人犯罪呈上升趋势，犯罪数量上升。2018 年至 2021 年，检察机关受理审查起诉未成年人犯罪

24.9万人,年均上升8.3%。同时,低龄犯罪上升,检察机关起诉不满16周岁的未成年人犯罪从2018年3534人上升至2021年5334人,占同年起诉未成年人犯罪的比例从8.9%上升至15.1%。检察机关受理审查起诉未成年人犯罪居前六位的分别是盗窃、聚众斗殴、寻衅滋事、抢劫、强奸和故意伤害,六类犯罪人数占受理总数的76.5%。[1]

也就是说,2005年报道过的广州日益严重的少年犯罪现象只是典型个案。与此类似的情况,我们也不难在其他城市甚或偏僻的乡村中发现。应该说,在中国,由于政府、社会以及舆论的高度重视,危机之下许多德育工作者都曾屡屡发出"最后的吼声"。但是"吼声"并没有令人振奋地改变现实,因为一种顽症的诊治需要更专门、更专业和更具中介性的方案。所谓"专门",是指要"对症";所谓"专业",是指要"内行";而所谓"中介性",这里是指理论能够以实践可以消化的方式有效地介入对教育实践的变革。

---

[1] 参见刘蒙:《年龄不该成为未成年人犯罪的"免死金牌"》,红网2023年3月21日。

引 言

在中国,"德育实效低下"的局面一直无法改变的主要原因之一是德育的强制灌输模式。事实上强制灌输模式的无效不仅在中国,而且在日本等保留较多灌输痕迹的东方国家中也都有明显的表现。因此,专门、专业的对策意味着我们必须找寻一种既坚持价值引导但又不回到强制灌输老路上去的德育模式。而借鉴美学精神与方法,让道德与德育之美去吸引、导引学生道德成长(让道德教育的"价值引导"与道德学习主体的"自主建构"这两个相互对立的方面在自由的"欣赏"过程中得以统一和完成)的欣赏型德育模式,则无疑是最为专门、专业的方案之一。此外,一种德育理论如果希望能够以实践可以消化的中介方式介入实践,仅仅以观念或理论形态出现是不够的。它需要完成从理论到实践的过渡,将抽象的观念做"回到实践中去"的感性处理,让人清楚明白,并且给人以符合、贯彻这一观念的具体工作的建议和示范。因此,选择"模式"研究是德育理论走向德育实践的必由之路,因为"模式"是理论的简约化形式,"模式"是从理论到实践的中介形式。

2.理论建设的需要

在德育理论的建设方面,我们亟须解决的问题主要有两方面。一方面是德育理论和德育实践的关系问题,另一方面是德育理论上"拿来主义"和"拿去主义"的关系问题。

德育理论和德育实践的关系问题一直是中国德育理论和实践工作者特别关心和痛心的一个问题。说特别关心,是因为和所有的理论一样,德育理论建设当然也需要与实践建立真实的生命连接。没有"从实践中来,到实践中去",德育理论就不会有活泼的生命力,就不会有真正意义上的发展。说特别痛心,是因为在中国德育理论界,真正意义上的德育理论建设十分薄弱,究其原因,病态的理论和实践关系是导致这一现状的罪魁祸首之一。一方面,仅有的一些有思想的理论往往仅仅满足于书斋里面的生存方式,没有变成应有的"现实的生产力",从而加剧了在德育理论上劣币驱逐良币的"逆淘汰"现象,也加剧了德育重视程度"高"与德育实践专业程度"低"之间的矛盾;另一方面,由于与实践的绝缘,德育理论的发展失去了本来应该有的动力而愈加弱不禁风,没有对德育现实改造发挥应有的影响力。而由于"模式"具有从理论到实践的中介性质,我们认为,解决德育理论和实践关系问题的重要出路之一就是强化德育模式的研究。因此,欣赏型德育模式是理论研究,也是实践研究,更是德育研究本身的方法论思索。

关于"拿来主义"和"拿去主义",记得世纪之交的时候有多位学术界的前辈曾经说过,由于诸多原因,20世纪中国人基本上是走"拿来主义"(向世界上先进的文化学习)道路的。21世纪的中国人应当注意做"拿去主义"的努力,即我们不仅要向世界学习,而且应当向世界贡献或者输出我们中华民族的智慧。在德育理论方面,最近一百多年的时间中,中国学者和德育工作者基本上是在当"学徒"。现在应当是认真考虑确立我们的自主性,逐步"平视"世界,最终达到"出师"水平的时候了。而只有做出了学术上的真正和独特的贡献才能确立我们的自主性,才能出师。不管我们如何评价欣赏型德育模式的现有研究,我们都可以肯定的是,这是一个秉承中华传统文化智慧的德育思路——它既反对绝对和强制的价值灌输,又反对完全虚幻和放任的价值相对主义(从某种意义上说,世界各国德育中的毛病正是集中于强制灌输和完全放任这两个极端)。它希望走一条"中庸"的教育之路,而且是走承接"兴于《诗》,立于礼,成于乐"的传统教育智慧之路,让德育成为一项"乐教"或"诗教"的事业。不过"中庸"或者"乐教"的思想在我们老祖宗那里既是一个传统,又是一种相对抽象的教育思想,古代传统教育智慧在当代的具体达成正是我们当代中国教育工作者不可推卸的责任。故我们希望"欣赏型德育模式的建构研究"这一具有中华传统文化特色的德育模式的探索能够成为未来中国德育理论落实"拿去主义"路线的若干起点之一。

二、何谓德育模式和欣赏型德育模式

模式和德育模式是在日常生活和教育领域使用频率都非常高的词汇。建构欣赏型德育模式必须从理解什么是模式和德育模式开始。

在中文中,"模"是制造器物的模型,"式"则有式样、榜样、规格等意思。[1]《现代汉语词典》对"模式"的定义为"某种事物的标准形式或使人可以照着做的标准样式"。但是"标准形式"并非空穴来风,总是有某种思想和理论作为其内核或根基的,于是就有相对强调模式的理论特征和强调其技术面貌的两种定义。一种如美国比较政治学者比尔和哈德格雷夫给模式下的定义:"模式是再现现实

---

[1] 辞海编辑委员会编:《辞海》缩印本,上海辞书出版社1980年版,第1319页、716页。

的一种理论性的、简化的形式。"另一种如英国人丹尼斯·麦奎尔和瑞典人斯文·温德尔从传播学角度给模式下的定义:"用图像形式对某一事项或实体进行的一种有意简化的描述。一个模式试图表明任何结构或过程的主要组成部分以及这些部分之间的相互关系。"而对于模式定义的综合理解应当为:"'模式'既有抽象性、简约性特征,但它又不等于具体的事实经验,它是一般原理与具体条件相结合,原理的共性与具体的个性相结合而形成的活动结构。"[1]

而"一种德育'模式',按照我们的理解,乃是在教育情境中思考关怀、判断、行动之历程的方式。一个模式应当包含一种关于人类道德如何发展的理论或观点,以及一套如何促进道德发展的策略和原则"[2]。或者,德育模式是"在德育实施过程中道德理论与德育理论、德育内容、德育手段、德育方法、德育途径的某种组合方式,因而为我们观察、理解和思考德育提供了种种综合方式"[3]。或者,"德育模式是在一定的德育思想理论的指导下,经长期德育实践而定型的德育活动结构及其配套的实施策略。这

---

[1] 杜爱森:《关于德育模式的理论探讨》,《理论探索》1996年第2期。
[2] R. H. Hersh, J. P. Miller, G. D. Fielding. *Models of Moral Education*. New York: Longman Inc., 1980, p.7.
[3] 黄向阳:《德育原理》,华东师范大学出版社2000年版,第211页。

个定义包含着理论指导、活动的结构与程序、实施原则、操作要领等诸因素统一结合构成的德育活动形式"[1]。

由于已经有太多的关于德育模式的定义,我想我们现在需要做的最主要的工作是,依据不同定义的共性考虑构成这一模式的主要因素,从而形成一个关于德育模式的基本理解。在我看来,构成模式的主要构件是一种具有独特性的理念(或观念、境界、基本原理等)和与之配套的实践形式(策略、程序和实践原则等)。德育模式当然也就是由某种内在关联的德育理论及其实践形式所构成。而欣赏型德育模式是——

> 一种希望内在地借鉴审美精神,以实现"解放教育对象"和"提升教育对象"双重教育使命相统一目标的德育实践模式。我们的基本理论假设是,道德教育的内容与形式如果可以经过审美化改造,成为"一幅美丽的画""一曲动听的歌",那么与这幅画、这首歌相遇的人就会在"欣赏"中自由地接纳这幅画、这首歌所表达的价值内涵。

---

[1] 杜爱森:《关于德育模式的理论探讨》,《理论探索》1996年第2期。

引　言

以上是对欣赏型德育模式一个比较感性的定义。如果我们要对这一模式做更为具体的解读，依据对于德育模式的要素分析，我们就必须认真分析欣赏型德育模式应当涵盖的具有独特性的教育理念（或观念、境界、基本原理等）和与之配套的实践形式（策略、程序和实践原则等）。我们将在以后各章努力回答这一问题。此外，欣赏型德育模式虽然由我提出，但是概念一旦提出就不再属于个人而属于整个科学共同体。欣赏型德育模式也就理所当然由认同这一模式及其理论基础的德育美学观的广大教育工作者一起努力、不断建构。

第一章

欣赏型德育模式的核心理念

欣赏型德育模式的核心追求是（教育者）道德教育的"价值引导"与道德学习主体（教育对象）的"自主建构"，这两个往往相互对立的方面能够在自由的"欣赏"过程中得以统一和完成。因此，这一模式的第一个核心理念是在德育过程中旗帜鲜明地反对灌输、提倡自由德育，提倡德育过程对教育对象真正意义上的解放。

一、反对灌输——解放教育对象

什么是灌输？从教育学角度看，一般可以从教育目的、内容和方法三个最重要的方面去加以说明。[1]从目的角度说，所谓灌输，指的是那些试图用某种方式封闭或者禁锢

---

[1] 可参考魏贤超：《现代德育原理》，浙江大学出版社1993年版，第42—55页；戚万学：《活动道德教育论》，南开大学出版社1994年版，第131—133页。

第一章 欣赏型德育模式的核心理念

学习者思想的做法；从内容角度说，灌输是指只提供单一、封闭和经不起（也不允许）批判与检验的教条等教育内容的教育；而从方法角度言，灌输则是指一切采用强制和非理性的方法，以及完全无视教育对象存在的教育方式所施行的"教育"。这三个角度实际上也可以说是三个基本特征。不过在我看来，在灌输的三个基本特征之中，德育上灌输最为突出的特征应当是它在方法上的强制或专制（所以，本研究将"灌输"和"强制灌输"视为同一个概念）。这是因为，即使教育目的、德育内容是好的，但它仍然可能导致灌输，因为它可能使用了"强制和非理性的方法"和"完全无视教育对象存在的教育方式"。而在经验中，人们讲"灌输"首先也是指其非理性的"强制"的意味。当然，如果意图本身就是对学生进行"洗脑"（brainwashing），所提供的教育内容没有教育价值，是单一、封闭和经不起批判与检验的东西，则灌输的方法就更是必然的选择。在教育思想史上，主张灌输的比比皆是，有些还是在教育思想的其他方面做出过伟大贡献的人，例如捷克的伟大教育家夸美纽斯。

"印刷术"的类比

夸美纽斯（Comenius，1592—1670）在其划时代的著作《大教学论》（1632年）第三十二章"论教导的普遍和完善的秩序"中，一方面赞扬当时印刷机印书在教育上的意义，认为用印刷机印书比早期的用笔抄书要快得多，同时"原本"书的正确还可以保证千万部"印本"的正确。另一方面，夸美纽斯的结论则是印刷术的方法完全可以用在教育上——教师只需有了准备好的工具和教授的材料，"把它灌输给他们的学生就行了"，因为"知识可以印在心灵上面，和它的具体形式可以印在纸上是一样的"[1]。在他看来，教学的过程就像印刷机把符号印在纸张上一样，是一个相似的机械传授的过程——"代替纸张的，我们有心灵尚待印上知识符号的学生。代替活字的，我们有教科书和便利教学工作的其他工具。墨水由教师的声音来代替，因为把书上的知识送到听者的心灵的是教师的声音；印刷机就是学校的纪律，它使学生赶上工作，并

---

[1][捷克]夸美纽斯：《大教学论》，傅任敢译，教育科学出版社1999年版，第232页。

且强迫他们去学习。"[1] 所以可以借用"印刷术"(typography) 这个术语将教学方法称为"教学术"(didachograghy)!

夸美纽斯这种像印刷机器运转一样由教师将知识"印"在学生心灵上的主张是一种十分典型的"灌输"理念。《中国大百科全书·教育卷》(1985年) 定义德育为"教育者按照一定社会或阶级的要求,有目的、有计划、有组织地对受教育者施加系统的影响,把一定的社会思想和道德转化为个体的思想意识和道德品质的教育"。这也是一个典型的具有浓厚灌输色彩的定义。这些史实都证明:灌输虽然有问题,但是它也反映了部分经验的事实——因为教育的确是人对人的影响,只不过灌输的理念忽略了教育影响的真实、有效需要通过教育对象的"自主建构"才能完成的实质而已。

在中国的教育实践中,灌输是一个错误但是一个传统,

---

[1] [捷克] 夸美纽斯:《大教学论》,傅任敢译,教育科学出版社1999年版,第233页。

而且是一个一直到今天仍然有许多人为之申辩的主张。[1]那么,我们为什么要反对灌输?

我们反对德育上的灌输,最主要的理由是它一不人道,二不科学。

说灌输的德育是不人道的教育,主要是因为道德和思想的灌输完全无视受教育者的存在、尊严与权利。灌输意味着教育对象如同一张千篇一律,没有个性,没有自己的经验、情感和思想的白纸,可以由教育机器任意印刷。灌输也意味着孩子们的道德发展及其规律可以完全被忽视,孩子们进行道德学习时必要的心理准备状态可有可无,孩子们的喜怒哀乐、学习生活的质量完全与教育机器无关。更为严重的是,人类千百年为之抛头颅、洒热血所不懈追求的(也得到现代各国宪法、联合国人权公约等法规保护的)思想自由的法则在灌输的德育模式之下可能被堂而皇之、轻而易举地摧毁:不管对象愿意与否,在有形、无形的压力之下你只能接受被某人贴上了"真理"标签的东西。通过以下对在教育界有着广泛影响的联合国《儿童权利公

---

[1] 参见孙喜亭:《学生德性或德行能由内而外的生成吗?》,《北京师范大学学报》(人文社会科学版)2000年第6期。

约》基本精神的介绍,我们可以清楚地看到,灌输是如何与尊重儿童权利和尊严的时代精神背道而驰的。

联合国《儿童权利公约》

1989年联合国大会通过的《儿童权利公约》的基本精神是强调儿童不仅仅是被保护的对象,而且是积极和创造性的"权利主体",拥有"包括生存、发展和充分参与社会、文化、教育生活以及他们个人成长与福利所必需的其他活动的权利"。联合国儿童权利委员会副主席汉姆柏格在解释《儿童权利公约》的基本精神时曾经这样说过,过去人们关心儿童的基点是使脆弱的儿童免受伤害,人们还没有普遍认识到儿童也是有能力的,他们有自己的观点和想法,应该像所有的人一样受到尊重。汉姆柏格还对《儿童权利公约》基本精神的四个原则做了具体说明:1.儿童最佳利益原则——任何涉及儿童的事情均以儿童利益为重;2.尊重儿童尊严的原则——其意义不仅仅局限于不被杀害或伤害,而是指向儿童生存和发展的质量;3.尊重儿童的观点和意见的原则——任何涉及儿童的事情,必须认真听取儿童的意见;4.无歧视原则——所有儿童都应当受到平等的对待,不应受到任何歧视或忽视。因此,将儿童视为在思想上平等的人格主体予以尊重是当今世界的普遍性要求之一。[1]

说灌输的德育是不科学的教育,主要是因为它违背道德发展和教育的本质与规律,效益低下。德育的本质是价值观的改变。价值观的改变是无法通过强制的方式去完成的。也就是说,我们或许可以通过强制暂时改变学生的行为,但是我们无法通过强制实现学生内心价值的改变。儿童来到教师的面前时已经有属于自己的经验、思想和情感,每一个儿童的道德发展不仅有性别、个性和经验等方面的不同,而且有发展阶段的差异。当教育者无视教育对象的存在和发展的实际硬性进行千篇一律的灌输时,不仅是不尊重儿童的人格(不道德),而且是对品德发展和教育规律的蔑视,其结果必然是效益低下甚至是反教育的。或者,教育影响有如沙滩上的房子,洪水一来就荡然无存;或者,学生迫于教师权势或心理上的压力而阳奉阴违,形成病态的双重人格;或者,遭遇逆反心理,那些教师心目中无比

---

[1] 参见韦禾:《儿童的权利——一个世界性的新课题——中国履行〈儿童权利公约〉研讨会综述》,《教育研究》1996年第8期。

伟大的教条根本无法为学生所接受，其至叛逆程度严重的学生还会走向与教师价值指引相反的方向……

总而言之，用20世纪最伟大的道德发展理论大师柯尔伯格的话说：

> 灌输既不是一种教授道德的方法，也不是一种道德的教授方法。说它不是一种教授道德的方法，是因为真正的道德应当包含对可能出现的价值冲突做出审慎的抉择；说它不是一种道德的教授方法，是因为合乎道德的教学必然意味着尊重儿童正在发展的对所学内容进行推理与评价的能力。[1]

灌输既然是全世界德育的公敌，反对灌输就必然成为所有现当代德育理论和模式的当然特征。所以问题的真正重点在于，怎样才能真正反对灌输？

我们认为，要有效地反对灌输，第一要给予学生"自由"的德育，第二要给予学生自由的"德育"。前者意味着反对强制，后者意味着反对放任。在以往反对灌输的许多

---

[1] C. Power, L. Kohlberg. "Using a Hidden Curriculum for Moral Education", *The Education Digest*, 1987, May, p.12.

理论中，人们往往会从一个极端走向另一个极端。这样极端或激愤的思路虽然痛快，但是由于自身马上会遭遇相反的逻辑问题，这一反对的结果往往是"反对无效"！这样的反对当然是虚假的、乏力的。所以，我们的答案是，反对德育灌输的任务只能通过真正"解放教育对象"的方式才能完成。所谓"解放教育对象"，在德育领域最主要的内涵有两个方面：第一是教育方式上的解放，即彻底地告别强制灌输，让学生从异化的教育形式中解放出来，自由、愉快地习得道德价值与规范；第二是价值获得上的解放，即在教育过程中能够对人生的真谛有所领悟，让学生从纯粹的动物性和自身的价值混乱中解放出来，通过自由的学习能够获得真正的道德智慧，从而收获社会生活中更大的自由、人生发展上更大的成就。

显然，我们这里所要给予学生的"自由"的德育，如果与前述灌输的三大特征对比，对其主要特征应当这样去理解：从目的角度说，所谓"自由"的德育，是指那些力图解放学习者思想，使之能够更加自主、愉悦地进行价值选择、批判和人格建设的教育；从内容角度说，所谓"自由"的德育，是指那些能够提供充分证据、教育价值，可以自由欣赏和批判的道德文化与智慧等教育内容，从而能够鼓励学生在开放、自由的心态之下进行道德选择、品德建构的教育；而从方法角度言,"自由"的德育则是通过展现道德文化的智慧、道德人格的光辉、道德人生的美好,让教育对象自由和愉快地接受价值与规范教育的德育。

在这里,"展现道德文化的智慧、道德人格的光辉、道德人生的美好"当然是至关重要的环节,也是欣赏型德育模式实现的关键环节之一。因为只有展现道德文化的智慧、道德人格的光辉、道德人生的美好,才可能让教育对象在对道德文化和智慧的欣赏中自由和愉快地接受价值与规范的教育。

二、反对放任——提升教育对象

所谓放任,《现代汉语词典》的解释是"听其自然,不加约束或干涉"。在道德教育的理论和实践中,放任是对灌输的自然反动,是一种本能、粗糙、抽象因而虚幻的否定。这一否定可以从伦理和教育两个层面去分析。

在伦理学上,放任的问题首先表现在对义务(或责任)与自由辩证关系的错误理解上。放任意味着道德主体只要"自由"而不要自由的条件——履行一定义务或者承担一定责任。的确，从表面上看，义务是自由的反面。伦理学家包尔生说："就其起源来说，义务本质上是否定的：'你勿'是风俗、法律、义务开初用来反对让自己的冲动走过了头的那些人的公式。"[1]但是恩格斯说："自由不在于幻想中摆脱自然规律而独立，而在于认识这些规律，从而能够有计划地使自然规律为一定的目的服务。"[2]黑格尔也指出，"在义务中个人毋宁说是获得了解放"[3]，"义务所限制的并不是自由，而只是自由的抽象，即不自由。义务就是达到本质、获得肯定的自由"[4]。即使是包尔生本人也认为，我们应当"把义务与爱好之间的冲突"视作例外，因为"义务或道德律的命令是一些表现了一个集体的真正意志的性质和方向的公式"[5]。除了自由与义务的关系理解上的问题，价值上的"放任"往往与"价值相对主义"有关。人们往往会强调文化、历史、经验的不同对于价值观念形

---

[1] [德]弗里德里希·包尔生：《伦理学体系》，何怀宏、廖申白译，中国社会科学出版社1988年版，第298页。
[2] [德]马克思、恩格斯：《马克思恩格斯选集》第3卷，人民出版社1995年版，第455页。
[3] [德]黑格尔：《法哲学原理》，范扬、张企泰译，商务印书馆1961年版，第167页。
[4] [德]黑格尔：《法哲学原理》，范扬、张企泰译，商务印书馆1961年版，第168页。
[5] [德]弗里德里希·包尔生：《伦理学体系》，何怀宏、廖申白译，中国社会科学出版社1988年版，第298页。

第一章 欣赏型德育模式的核心理念

成的影响,即强调由于文化、历史、经验的不同,人们会拥有不同的价值观念,对同一概念的理解也会有巨大的差异。由此,人们就会有意或无意地忽视普遍价值和价值共识的存在及其可能性,其结果当然是"上帝死了,做什么都可以"了。

而从德育的角度看,所谓放任,则是在道德教育过程中"让孩子为所欲为"。放任的德育可能表现为显性的放任,也可能表现为隐性的放任。所谓隐性的放任,就是那种日常生活中似乎什么都做了,但是其实什么都没有做、什么要求都没有的虚假德育形式。显性的放任因为其明显的缺陷往往一出现就可能遭到强烈的质疑,故在实际的教育理论和实践中,隐性的放任才是最典型的放任形态。但无论是显性形态还是隐性形态,德育上的放任既可以是价值选择上完全的"价值相对主义",也可以是教育方法上的"儿童中心主义",或者两者兼而有之。我们可以以美国20世纪70年代最为流行的价值澄清理论(Values Clarification)的一些主张作为案例进行分析。这是一个隐性的放任德育的案例,因为价值澄清理论的产生原本是要加强价值观教育而不是要"放任"孩子的。

价值澄清学派是这样解释"价值(观)"概念的。

人们在经验中成长和学习。

因此我们认为价值观始终与塑造和检验价值观的生活经验相联系。对于任何个体而言,价值观并非一成不变的真理,而是在一定环境中苦心经营某种生活方式的结果。在经过生活的充分锻炼之后,我们会形成某种评价范式和行为倾向。某些事物被视为是正确的、有意义或有价值的。这些就是我们的价值观。

既然我们认为价值源于个人的经验,我们就有理由认为不同的经验会导致不同的价值观,而任何人的价值观都会随着其经验的积累和改变而发生变化。我们不能期望一个生活于南极地区的人和一个芝加哥人拥有同样的价值观。

我们无法确定可以适合任何人的价值观和生活方式,但是我们的确知道经过哪些过程最有助于价值观的获得。[1]

因此,价值澄清理论认为,有效的价值形成过程必须

---

[1] 参见 L. E. Raths, M. Harmin, S. B. Simon. *Values and Teaching*. Columbus Ohio: C. E. Merrill Publishing Co., 1966, pp. 27—28. 根据原文内容节选翻译,顺序上有调整。

第一章 欣赏型德育模式的核心理念

经过三个大步骤、七个小步骤。

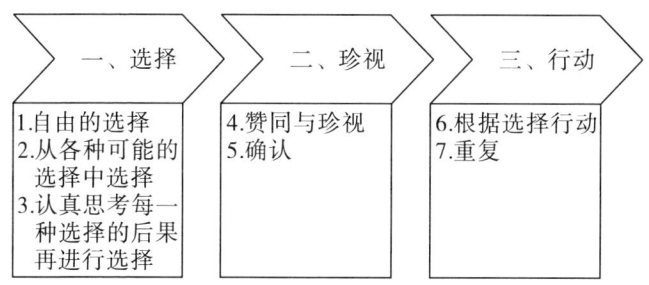

图1 有效的价值形成过程

其理由或解释如下。

1.自由的选择。如果有某些东西实际上在指导着一个人的生活,不管是否有权威的监督,这种东西必然是自由选择的结果。如果在选择过程中存在某种强制,个体就不可能长时间地坚持自己的选择结果,尤其是当施加压力者鞭长莫及时。所以,只有是个体自由选择的结果,价值才会被个体真正珍视。

2.从各种可能的选择中选择。价值的定义是基于个体所做出的选择。很显然,若无可供选择的对象,价值选择也就无从谈起。例如,说一个人珍视"吃"毫无意义,可以说个体选择吃何种食物,而不是"吃"

本身。我们必须提供足够的食物，否则选择无从谈起。只有当有一种以上的选择时，选择才成为可能，价值选择才会实现。

3.认真思考每一种选择的后果再进行选择。凭冲动或轻率所做出的选择并不能形成我们界定的价值。那些真正有意义指导个体生活的东西一定是个体仔细权衡和理解的结果。只有当个体仔细权衡和完全理解每一种选择的后果，个体才会做出明智的选择。只有在认真考虑每一种可供选择的后果再进行的选择才会形成价值。

4.赞同与珍视。当说起那些我们珍视的东西时，我们总是语气坚定。我们会赞同它，珍视它，尊重它，坚持它。我们会为所珍视的感到高兴。有的选择，即使是自由的和审慎的选择，我们也不一定会为此高兴。我们可能选择参战，但我们有时会对该选择的合理性产生不安。我们界定的价值必须是我们高兴地做出的选择结果。我们会赞同和珍视那些价值并用以指导生活。

5.确认。当我们在考虑各种可能选择的后果之后自由地做出选择并为之感到自豪的时候，在被别人问及时，我们愿意当众确认我们的选择，甚至愿意为之

第一章 欣赏型德育模式的核心理念

辩护。如果我们会为某一选择感到羞惭,被诘难时不敢表明自己的立场,那么我们选择的就不是价值而是别的什么。

6. 根据选择行动。我们所信奉的价值观体现在生活的诸多方面。为了使某种价值得以浮现,生活本身势必受到影响。事实上,不存在不对现实生活进行指引的价值观。

7. 重复。只要某一事物被提升至"价值"水平,它就很可能在个体生活的许多场合影响他的行为。它会表现于不同的情境与场合。只在生活中出现过一次的事物不能被视为价值。价值观往往会以某种生活方式不断重复。[1]

由于符合美国人思想自由的核心价值,同时也符合尊重儿童权利、经验与选择的美国近代教育思想的传统,价值澄清理论曾经在美国红极一时。但是不难看出,价值澄清理论最大的问题在于其在价值相对主义的前提之下回避了价值教育的内容层面,将德育的重点从"价值观和生活

---

[1] L. E. Raths, M. Harmin, S. B. Simon. *Values and Teaching*. Columbus, Ohio: C. E. Merrill Publishing Co., 1966, pp.28—29.

方式"转向了"有助于价值观获得"的澄清过程,是一种典型的"形式主义"和"过程主义"。而当我们承认不同的人具有不同的价值观念,我们只是帮助他澄清本来就属于他自己的价值观的时候,我们实际上只对儿童进行了(道德)思维的训练,而没有对儿童的品德成长有任何实质上的增益。而且一些错误的价值一样可能通过这七个步骤的检验而继续存在于儿童的精神结构之中,而这当然是危险的。美国品德教育(Character Education)理论的代表人物之一托马斯·里克纳(Thomas Lickona)教授在他的名著《为品德而教育》中曾经尖锐地指出:价值澄清理论的问题在于,将一些琐碎的生活问题与重要的价值观混为一谈,将肤浅的道德相对主义四处扩散;将"你想做什么"和"你应做什么"混为一谈,忽略了价值标准存在的必要性;同时将儿童当作大人看待,忘记儿童有一个需要成人帮助建立价值观的过程而不是仅仅澄清已有的价值观。[1]

历史发展也对价值澄清理论做出了批评和抑制。由于价值上的相对主义、教育上的过程主义与儿童中心主义给美国本来就有的极端个人主义火上浇油,因此美国的社会

---

[1] T. Lickona. *Educating for Character: How Our School Can Teach Respect and Responsibility*. New York: Bantam Books, 1991, pp. 11—12.

第一章　欣赏型德育模式的核心理念

道德和学校德育问题日益凸显,20世纪80年代就有评论认为"现在的状况也许已经超过了美国历史上的任何时期,贪婪和欺诈被大家认为是极其平常的事情"[1]。大量出现的青少年问题也使得美国教育界开始重新反思并回归传统的道德教育模式。[2] 因此从20世纪80年代开始,不断有专家批评相对主义、过程主义和儿童中心主义的德育取向,呼吁回归和加强品德教育。到了20世纪90年代,品德教育运动明显复兴,并逐步成为美国德育实践的主流之一。

中国社会从20世纪70年代末开始进入改革开放和社会主义现代化建设新时期,价值多元是时代的进步,也是时代的挑战。强制灌输式的德育观念与实践模式无以为继,但是惯性依旧。当我们在批判强制灌输的时候,应当清醒地认识到,从一个极端走向另一个极端、走向完全相反的方向也一样是错误的。德育最重要的使命是在道德发展上"提升教育对象",我们应当旗帜鲜明地告诉我们的教育对象:价值观一方面具有相对性,另一方面具有普遍性、基础性。价值多元并不等于没有是非对错,"义务所限制的并

---

[1] "Ethics in the Boesky Era". *Yale Alumni Magazine*, 1987, Winter, p. 37.
[2] M. W. Berkowitz, E. F. Schaeffer, M. C. Bier. "Character Education in the United States". *Education in the North*, New Series, 2001, No. 9, p. 53.

不是自由,而只是自由的抽象,即不自由"。共同价值、底线伦理的存在是我们进行最起码的对话、达成最基本的共识的前提。迄今为止,人类生活所积累、所尊重、所遵循的价值和规范尽管不是绝对的教条,但仍然是我们人类文明与智慧的重要组成部分,而不是完全与我们为敌的异己力量。只有掌握了已有的价值文明和道德智慧,我们才可能实现真正意义上的道德成长与品德建构,才可能获得更多的尊严,拥有更高质量的人生,取得更伟大、更真实的社会进步。而欣赏型德育模式所追求的,其实不过是一种原本意义上的真正的德育。这种德育不仅追求学生对人生智慧的真正领悟、学生人生境界的实质提升,而且追求实现目标过程的人性化。我们强调这一过程应当是肯定的、积极的、愉悦的——从内容到形式都应当是美丽的。

三、 中间路线——让德育成为"一幅美丽的画""一曲动听的歌"

如前所述,欣赏型德育模式希望走一条"中庸"的教育之路,让德育成为一项"乐教"和"诗教"的事业,让德育成为"一幅美丽的画""一曲动听的歌",让德育过程

第一章 欣赏型德育模式的核心理念

的参与者(无论教师还是学生)"诗意地安居"。但是让德育成为"一幅美丽的画""一曲动听的歌"并不只是一句简单、感性的口号,其实质内涵主要包括两个重要方面。

一方面,德育过程作为"一幅美丽的画""一曲动听的歌"表明,德育过程中可以有诗歌、绘画、音乐、戏剧、多媒体等一切合适的艺术形式的有机参与。

在德育过程中,我们需要艺术或其他美的形式的参与,其主要理由可以归结为艺术和美的两个基本作用:其一是艺术和美的技术意义,其二是艺术和美的价值功能。

艺术和美对于德育的技术意义首先是其作为一种"添加剂"能够使得道德学习和教学形式变得活泼、生动、令人愉悦。事实上,《论语·泰伯》中"兴于《诗》,立于礼,成于乐"的命题揭示了"《诗》""礼""乐"三者的作用:"《诗》"在于"起兴",引人入胜,进入学习;"礼"在于让价值矗立人心、渗透进心灵;"乐"(音乐)在于自然且长久地巩固学习效果,从而最终实现"成就人格"等目标。虽然不同年龄、性别和个性的儿童对于艺术和美的形式的偏好并不相同,但是只要安排合理,艺术形式的适当参与对于改造往往过于理性和枯燥的道德教育是十分重要的。它可以让我们在道德学习过程中更加轻松、愉悦,就像我们在有背景音乐的环境中工作一样，音乐的存在意味或暗示着世界的美好、生活的鲜活，艺术形式在德育过程中的有机存在也意味或暗示着道德生活与美感的实际连接。换言之，美的存在会让我们更易于体会、向往更美好的道德人生境界。

艺术和美的价值功能主要表现在对善的正面褒扬和对恶的批判上。美学家列·斯托洛维奇说："伦理和审美这两极是相互适应的，即善适应美，恶适应丑。"[1]不过，这一适应是一种复杂或复合的适应："艺术美反映现实的善，它的审美评价是以欣赏的、赞赏的态度出现；艺术美反映现实的恶，它的审美评价是以夸张、变形的审美批判的态度出现。"[2]换言之，虽然艺术和美不仅反映善，也表现丑与恶，但是其审美批判的态度却因此和道德批判具有内在的价值关联。

由于艺术和美的价值功能复合地表现为对善的正面褒扬和对恶的批判，因此与一般意义上的德育相比，有艺术和其他美的形式参与的德育往往更加丰富或者"生活

---

[1] [苏]列·斯托洛维奇：《审美价值的本质》，凌继尧译，中国社会科学出版社1984年版，第97页。
[2] 韩望喜：《善与美的人性》，海天出版社1997年版，第292页。

第一章 欣赏型德育模式的核心理念

化"——它不是简单、逻辑地演绎道德真理,而是复合、感性地呈现生活的真实,将生活的真理丰富地凸显出来,供道德学习主体(学生)自主地判断和选择——而这一点恰恰是现代德育的基本特征与时代要求。本人的另一项研究曾经系统深入地分析审美活动的储善性、导善性和立善性[1],其主要的意涵之一也是指向艺术和美的价值功能。

由于艺术和美的技术意义和价值功能的存在,因此毫无疑问,欣赏型德育模式当然希望有诗歌、小说、音乐、戏剧、绘画、影视、多媒体动画等,所有为学生们喜爱,又能够有机地与德育过程结合在一起的艺术美、自然美、社会美的参与!不过这一选择仅仅是德育成为"一幅美丽的画""一曲动听的歌"命题的起点、外在的意涵。真正、核心的德育过程的审美化改造,需要从外在和感性的探索走向内在和精神的追求。

所以,德育过程作为"一幅美丽的画""一曲动听的歌"主要是一个隐喻,其实质在于"内在地借鉴审美精神"来改造德育过程本身。审美精神的内在借鉴是让德育成为"一幅美丽的画""一曲动听的歌"意涵的另一方面,也是

---

[1] 参见拙著《德育美学观》,山西教育出版社1996年版,第143—182页。

欣赏型德育模式最为本质的追求。

关于审美精神的美学讨论很多,其中最为著名的是审美活动与道德生活相沟通的"自由"特质。列·斯托洛维奇曾经这样指出"自由"在审美价值和道德价值中的不同存在与内在的统一。

> 在道德方面,自由作为人成为独立、主动、创造的个性和在道德活动中表现真正人的本质的可能和能力,进入道德价值。而自由以其包罗万象的实质进入审美价值的内容中,它作为以认识自然和社会的必然性为基础的人对自然现象和社会现实掌握的程度,以及人在这些现实中确证的程度。这就是对社会生活现象审美价值的理解也导致认识它们的道德价值的缘故。由于美,人们追求善,一直到详细地认识善并从审美上认清恶的丑陋面目而摒弃它。因此,真正伟大的艺术甚至不必给自身提出直接的道德劝善任务,而正是由于它的审美本质而在道德上对人们产生影响。[1]

---

[1] [苏] 列·斯托洛维奇:《审美价值的本质》,凌继尧译,中国社会科学出版社1984年版,第98页。

第一章　欣赏型德育模式的核心理念

因此,"内在地借鉴审美精神"来改造德育过程本身实际上意味着道德教育必须从内容和过程上展现道德"自由"的境界、教育"自由"的气质。

道德教育要努力展现道德"自由"的境界。所谓"自由"的境界,主要的意涵包括两个最基本的方面,一是人生的智慧,二是人格的自由。"人生的智慧"是指道德教育的内容方面,道德价值与规范上"合规律性与合目的性的统一",道德教育过程是人类道德文化智慧与美好的一种生动呈现。当我们在享用人类道德睿智的时候,我们实际上就是在观照、享用人生的自由境界。而"人格的自由"实际上就是人生智慧在一些道德人格上的具体体现。在人类道德生活中一直存在道德上崇高的人、优雅的人。或者,即使是最普通的人,他们在某些场合、某些瞬间也会展现上述崇高与优雅。他们是美好的,也是自由的,他们的身上充满着人性的光辉(中国古人曾经将这一光辉命名为"圣贤气象")。道德教育的重要使命就是呈现这一光明,让自由和美好的光芒照射每一个参与道德教育过程的人,让他们不仅心向往之,而且有足够的动力去努力追求最美丽或者最自由的人生。

与此同时,道德教育作为教育本身也应当具有真正教育"自由"的气质。道德真理与伟大人格不应当以异己的形式出现在受教育者的面前，成为勉强、约束、压迫他们的力量。道德教育过程本身应当是生动的、自由的，应当是克服了黑格尔所说的"顽强的疏远性"的真正意义上的审美活动。由于道德是以利他的形式调整人际关系的，道德规范本身是以约束道德主体的形式而存在的，因此道德教育的形式非经审美化的改造无以实现上述目标。欣赏型德育模式的重要努力方向就是要反其道而行之，寻找、发掘、创造那些能够促进道德学习主体自主、自由进行道德学习的教育形式，通过让教育对象"欣赏"道德自由去自由地建构起他们自己的道德人格。

关于道德教育过程中的"欣赏"概念，人们常常将它与一个相似的概念"赏识"相混同。从形式上说，"欣赏"与"赏识"也确有相似的地方，但是这两个概念有许多实质上不同的地方。最主要的一点在于，"赏识"的对象可以是美好的，也可以是仅仅正确、合乎规范的，因而可以是并非"自由"和具有美感的东西。而"欣赏"的对象不仅是正确的、合乎规范的，而且必须是具有"可欣赏性"的审美的对象。而且德育的"可欣赏性"不仅指向德育过程、德育与道德主体外表的自由，而且指向道德与教育精神的

第一章 欣赏型德育模式的核心理念

优雅与崇高,"欣赏"与"赏识"的本质不同恰恰在于其精神内涵的差异。

当然,"欣赏"的前提条件是建立德育的"可欣赏性"。那么德育的"可欣赏性"可能存在于哪些方面呢?这就需要阐释所谓德育过程作为"一幅美丽的画"和"一曲动听的歌"的具体内涵。德育过程作为"一幅美丽的画"和"一曲动听的歌"的内涵也可以分别从不同侧面来理解。"一幅美丽的画"意味着道德价值和规范经过处理可以变成被欣赏的文化产品,道德人格的光辉、智慧人生的温暖都可以成为映照学生道德成长的美丽风景。而"一曲动听的歌"的重点则在说明德育过程的智慧处理本身具有艺术特征和"可欣赏性",学生在接受教育时可以主动、愉快地沉浸于美好的学习与生活过程之中。而这两个侧面实际上就是道德教育内容上"自由"的境界的呈现和道德教育本身"自由"的气质的展示。试想,在"一曲动听的歌"的旋律中欣赏"一幅美丽的画",这是一个多么美好的道德教育形式与境界!

第二章

欣赏型德育模式追求的教育境界

欣赏型德育模式的理论基础是德育美学观。[1]德育美学观既是一种德育的观念和境界,也是一种具有实践价值的德育策略与技术。因此,对于德育美学观的真正理解,应当从境界层面的说明开始。

"境界"一词,实为中国文化的精髓之一。对"境界"概念做出卓越发挥的是王国维。王国维在《人间词话》的开篇即说:"词以境界为最上。有境界则自成高格,自有名句。五代北宋之词所以独绝者在此。"这时他所说的境界实指一种词境的极致状态。王国维又说:"古今之成大事业、大学问者,必经过三种之境界。'昨夜西风凋碧树,独上高楼,望尽天涯路',此

---

[1] 详细内容可参阅拙著《德育美学观》(增订版),教育科学出版社2006年版。

第二章 欣赏型德育模式追求的教育境界

第一境也;'衣带渐宽终不悔,为伊消得人憔悴',此第二境也;'众里寻他千百度,回头蓦见,那人正在灯火阑珊处',此第三境也。"王国维此时讲的境界实际上是指人生、学问追求的三级水平。故王国维的"境界"原本有两个维度的含义,一指一种理想境地,二指学问的不同水平。[1]

欣赏型德育模式或者德育美学观所追求的首先是一种德育的境界。这一境界至少包括以下两个基本的方面:从人类文明与教育整体发展的角度,我们追求的是一种"美真善"的文化境界;从道德人生与道德教育形态的角度,我们追求的是一种自由道德与审美德育。

一、"美真善"的文化境界

从美学和美学史的角度看,真、善、美的统一是不同时期美学家们已经充分论证过的一个主题,人类艺术史上也不乏体现真、善、美完美统一的艺术杰作。因此,真、

---

[1] 转引自拙著《美善相谐的教育》,黑龙江教育出版社2003年版,第138页。

善、美的统一已在不同时期得到了不同水平的证明,只是统一的基础因时而异。真、善、美是人类文化的果实,也是文化和教育进步的尺度。如果我们把视角调整到文化史及文化哲学的角度,把真、善、美作为文化因子去研究,我们就会发现:这种统一在文化整体及发展的宏观上的一些特征,和由此特征而决定的真、善、美的统一或不同境界,以及由文化境界衍生出的教育的不同境界。

从历史的角度看,真、善、美有以下三种统一形态。

1.古代社会,东方文化与"善美"境界

这里的"古代社会"涵括原始社会、奴隶社会及封建社会三种形态。所谓"善美"境界,是指由于物质生产、科技文明的不发达而出现的美与真均为善所统摄,美以善为最高目标的文明状态。以中国古代儒学为突出代表的东方文化,是这一文明状态的典型形式。

原始文化中,由粗糙、不规则的石器到光滑、匀称、略讲造型的石器,由用动物的皮毛来装饰人类自己到植物装饰品的产生,都体现了原始人类真、善、美完整朴素的统一及进化。但总的说来,在这种朴素的统一之上,人类文明的原初目的是族类整体性的生存。只是"当狩猎的胜利品开始以它的样子引起愉快的感觉,而与有意识地想到

第二章　欣赏型德育模式追求的教育境界

它所装饰的那个猎人的力量或灵巧完全无关的时候，它就成为审美快感的对象，于是它的颜色和形式也就具有巨大和独立的意义"[1]。

原始人类虽以原始的真为基础求得原始的美，但这时的美却以善为最高目标，而美和真均服务于人类的原始生存（"善"或者"目的性"）。及至奴隶社会、封建社会，这种"以善统美"的情形就逐步演化为一个更加明显的伦理性的善美特征。

> 亚里士多德认为："善是一种美。其所以引起快感，正因为它善。"他是这样论述悲剧创作的："第一，不应写好人由顺境转入逆境，因为这只能使人厌恶，不能唤起畏惧与悲悯之情；第二，不应写坏人由逆境转入顺境，因为这最违背悲剧的精神——不合悲剧的需要，不近人情，也不能唤起悲悯与畏惧之情；第三，不应写极恶的人由顺境转入逆境，因为这种布局虽然近乎人情，但不能唤起悲悯与畏惧之情……"[2] 罗马

---

[1] 普列汉诺夫语，转引自上海社会科学院哲学研究所美学研究室编：《美学十论》，上海人民出版社1984年版，第216页。
[2] 文艺理论译丛编辑委员会编：《文艺理论译丛》第2辑，人民文学出版社1958年版，第14—15页。

时期的普洛丁认为"善在美后面,是美的本原"[1],"神才是美的来源,凡是和美同类的事物也都是从神那里来的"[2]。从此,美为一种十分明确的最高的善所统摄,进而沦为其奴婢,这就是漫长的中世纪。

与欧洲文明不同,在中国古代,政治伦理文化始终是文化的主流。所以善美关系表现为文道关系,且以"文以载道"为主导性结论。《论语·八佾》中载:"子谓《韶》:'尽美矣,又尽善也。'谓《武》:'尽美矣,未尽善也。'"孔子对韶乐的推崇,源于其有高于武乐的"尽善"的特征。《礼记·乐记》更说:"故乐行而伦清,耳目聪明,血气和平,移风易俗,天下皆宁。故曰乐者乐也。君子乐得其道,小人乐得其欲。""德者,性之端也。乐者,德之华也。金石丝竹,乐之器也。诗言其志也,歌咏其声也,舞动其容也。三者本乎心,然后乐气从之。"这一特色贯穿以后中国文化发展的始终,其中不乏走火入魔、走入极端的例子,

---

[1] 北京大学哲学系美学教研室编:《西方美学家论美和美感》,商务印书馆1980年版,第58页。
[2] 北京大学哲学系美学教研室编:《西方美学家论美和美感》,商务印书馆1980年版,第57页。

第二章 欣赏型德育模式追求的教育境界

如宋人小说等。鲁迅分析宋人小说就曾这样批评道:"宋时理学极盛一时,因之把小说也多理学化了,以为小说非含有教训,便不足道。但文艺之所以为文艺,并不贵在教训,若把小说变成修身教科书,还说什么文艺。"[1]

善美阶段的存在,是与其他文化发展的特点相联系的,是与生产力、科技的不发达或发展缓慢相联系的。由于物质文化的不发达,人类在古代社会中就无法在求真方面得到丰富的发展。故虽然存在真、善、美原初的统一,但以善对美的统摄和善、美的结合最为突出。最初由于生产力、科技的不发达,人类的族类生存成为决定性因素;后来由于生产力水平有一定程度的提高,这又决定了只有极少数人游离出来成为社会的主宰,并成为精神文化的独占者,所以美以宗教或政治、伦理为核心就不难理解了。

善美是一种文化的境界。这一境界的特点可以归纳为两点,一是真、善、美的原始统一,二是美以善为准绳。前者为背景,后者为主题。之所以说真、善、美是原始的

---

[1] 鲁迅:《鲁迅全集》第 8 卷,人民文学出版社 1956 年版,第 331 页。

统一，一方面，是因为许多思想家从一定意义上论述了三者的统一；另一方面，由于科学、伦理学、美学研究均处于前科学阶段，美的理论和实践未达一定的自觉，故论证又是未分化和不充分的。古代社会的文艺家们在实践上也印证了这种真、善、美的朴素统一。之所以说"美以善为准绳"是主题，是因为与真美关系相比较，善美关系在论述上最为突出、充分，在艺术或美的实践上也表现得最为明显。西方的音乐、绘画艺术成为教堂艺术、宫廷艺术，同宋人小说成为纯粹的喻世之言显然不是历史的巧合。善美文化的上述特征，使文化的古代阶段之神学理念、政治伦理因得到美的自觉支持而盛极一时，也由于美的神助，神学理念和政治伦理在相当多的古代人物身上展现了化境的魅力。

然而善美的境界只是人类文化的起点境界。因此，这一文化境界的缺陷也是十分明显的。这表现为失真而善、美俱失，即是说由于没有发达科学的基础，没有伦理学、美学的科学形态做根基，真、善、美的统一只是朴素的，因而盲目性大。故古代文艺虽不乏光芒四射之精品，但也有不少因为失真而做道德上的故作矫揉的例子。加上统治者由于其历史地位之特殊性，美沦为善的奴仆，实则沦为

第二章 欣赏型德育模式追求的教育境界

统治者神权、政权的奴仆。正因为如此,文化上的"文字狱"现象古代多有出现。善挟美,类似于古代政治上的"挟天子以令诸侯",古代文化的任何一块领地莫不为之所染。经济领域内劳动者所受的神赐天理保护的剥夺与其所具有的不觉醒的奴仆心态,政治领域中统治者的温厚仁爱之外表与凶残冷酷的本质的奇特统一,宗教裁判对科学家和科学、非宗教文化的摧残,社会生活中对人性和人类生活的贬低,以及以"三寸金莲"为美的病态美感等,不一而足。

古代教育,最初与生活、劳动同一。原始部落对其成员最严厉的惩罚是将罪人赶出人群。故原始人的原始共产主义道德就成为维护人类生存的根基之一。原始教育也须服从人类生存之大善。首先,教育的大义是部落人际关系的维护,教育内容表现为部落训诫、禁忌、风俗、习尚之类道德内容的传授。其次,教育才是个体生存技能及对美趣之无自觉的追求与习得,表现为生活、劳动技能的教育,简单的符号、原始艺术的学习等。

在之后的奴隶社会和封建社会中,善美境界在教育领域中表现为两个方面。①对学生人格的较全面的塑造,例如课程上德育、智育、体育、美育等课程的全面开设。在中国这可溯至春秋战国时期的"六艺",在欧洲可追溯到古希腊和古罗马修辞学校中修辞、辩证法、法律、数学、天文、伦理和音乐等课程的开设。②对艺术课程的道德要求。古代中国学生读诗是为了学会"言志",是为了达到兴、观、群、怨的道德目标,作文是为了载道,习乐是为了调理心性,所有艺术的学习、美的追求都围绕"内圣外王"的总目标。直到近代还有人夸张地认为:"欲新一国之民,不可不先新一国之小说。故欲新道德,必新小说;欲新宗教,必新小说;欲新政治,必新小说;欲新风俗,必新小说……欲新人格,必新小说。"[1]从古代教育制度上讲,无论官学还是私学,无论东方还是西方,学校中政治、伦理素养或精神信仰的培养均是教育的出发点和归宿。因为这时期的学校主要为朝廷、官僚、僧侣或其他统治阶级所掌握,其教育目的主要是培养官僚、僧侣、绅士、信徒。故美的教育实际上只是使统治者多些统治的雅致,使信徒的信仰更加坚定而已。这种教育固然生产了许多进入道德伦理化境的理想人物,如古代中国的许多圣贤、清官,西方的许多绅士,以及走向"反叛"的古代革命者、科学家

---

[1] 梁启超:《论小说与群治之关系》,《饮冰室合集·文集第四册·饮冰室文集之十》,上海中华书局1936年版,第6页。

第二章　欣赏型德育模式追求的教育境界

等,但这种教育的严重缺陷在于它对"真"的贬低和对"美"的阉割,以致培养了一代又一代"四体不勤,五谷不分"的不良者。扼杀实用性,导致了近代学制变迁中文科学校与实科学校的对峙,以及后者相当长时间被压制。对善的过分夸张的要求不约而同地在东西方培养出了一代又一代道德伪善者,正是这些"文明人",一再扼杀着不合乎善的真和美的每一株幼芽。也正因为如此,古代教育及古代文化也就具备了走向另一教育和文化境界的历史必然性。

2. 近现代社会,西方文明"真美"境界及其危机

近现代社会是以生产力和科学技术的突飞猛进为特征的。物质文化的成就带来了精神文明的全面而丰富的收获。这一时代的成就和缺陷,都可归因于科学文明尤其是自然科学的进展。自然科学这一文化因子的巨量增长,固然增进了人类物质文明与精神文明,但类似于古代社会之"善"的膨胀,自然科学或"真"的自然科学模式,在近现代的巨大发展也达到了君临一切的地步。哲学上一切命题被诉诸理性,分析思维、知性思维几乎占据了思维的全部领地和科学的一切领域,包括人文科学都以自然科学标准为进步学科的最高范式,进而现代化的含义被许多人理解为高科技……因此,这一时期"善美"的决定地位很自然地为

"真美"关系所取代。这时,真、善、美的统一是以突出真的绝对权威地位为特色的,尽管这一"真"往往只是自然科学式的。所谓"真美"境界的含义大抵如此。欧洲人有求真的传统,科学以及与之相伴的近现代文明首先在西方萌发和成熟,所以从这个意义上也可以说,真美境界主要以西方文明为代表。

真美阶段的特色,是真、善、美关系的分化倾向和美统一于真。所谓分化倾向,一是指随着学科分化和创建,真、善、美成为各自独立的研究领域(即哲学、科学、伦理学和美学)的研究对象,各自构建了自己的学科体系;二是有不少人进而在理论上否认了真、善、美沟通的可能性。例如,康德认为,美是不涉及欲念和利害计较的引人愉快的形式,人对美的判断不能获得知识(真),也不能实现实用的目的(善),只能通过对纯形式的观照获得一种心理上的愉悦感情。如果说真、善、美能够统一的话,那仅是因为自然必然(真)和精神的绝对自由(善)的和谐是美的,故只有在主观精神领域内才能实现。[1] 所谓美统一于真,指的是在真美关系中,美对真屈从式的追随。这一

---

[1] 参见王世德编:《美学辞典》,知识出版社1986年版,第30页。

第二章　欣赏型德育模式追求的教育境界

点似乎主要是欧洲文明的传统。亚里士多德曾说："一个美的事物……不但它的各部分应有一定的安排，而且它的体积也应有一定的大小。"[1] 毕达哥拉斯学派从数学原则出发，发现了黄金分割的数理关系，并以此来解释建筑、雕塑的形式美，开创了以真求美、以真为美的理论先河。古代与近代不同的是，这种真美关系从历史事实的总体上看并未凌驾于善对美的统摄之上而已。沿着这条传统的道路前进，加上有关"真"的自然、社会科学的空前发展，欧洲人终于把"真"看作美的源泉和准则了。18世纪英国著名画家荷加兹在《美的分析》一书中提出了蛇形线是最美的线条等观点，进而提出美的六条原则，认为适宜、变化、一致、单纯、错杂和量恰当地混合起来，就能产生美。[2] 这种"和谐即美"的结论与黄金分割率发现者的探究完全是一个思路——求真。沿着这条思路思索的艺术，就表现为绘画艺术上对形体结构的精细研究和描摹，表现为文学作品中对形象日积月累的观察、描写，以及作品对生活的"再现"说，等等。由于其真，近现代艺术有了古代艺术家

---

[1] 北京大学哲学系美学教研室编：《西方美学家论美和美感》，商务印书馆1980年版，第39页。
[2] 上海市社会科学院哲学研究所美学研究室编：《美学十论》，上海人民出版社1984年版，第156页。

望尘莫及的新成就，但又由于其对真的偏执，真与美的关系也常常不是相成而是相反的。古希腊画家宙克什斯画的葡萄竟引来了鸽子啄食，德国昆虫学家毕特涅的猴子竟把洛色尔的《昆虫乐趣》一书中画的甲壳虫咬成了碎片，"真"可谓达于极致。但黑格尔说，"艺术总不能和自然竞争，它和自然竞争，那就像一只小虫爬着去追大象"，"艺术的使命在于用感性的艺术形象的形式去显现真实"，"纯然外在的客观性不能揭示内容的完满的实体性，艺术家就不应致力于此"。所以，"这种连鸽子、猴子也欺骗到的艺术作品值不得赞赏"[1]。

真美阶段由于其对真的追求，从而克服了善美阶段因失真而善美俱失的弊端，有了很多超越前一阶段的优势。如美的实现领域、手段方面的拓展，科学成为艺术的工具和审美对象（科学美）等，随着伦理学、美学的建立及其科学形态的日渐形成，其带来的是人们对于真、善、美及其统一的精细理解，等等。但是，由于人们过分强调真的权威，科学主义盛行的真美联合体又产生了不容忽视的文化缺陷：①真对美的践踏代替了善对美的扼杀，导致美的

---

[1] [德]黑格尔：《美学》第1卷，朱光潜译，商务印书馆1979年版，第54页、68页、366页、54页。

第二章 欣赏型德育模式追求的教育境界

失落;②以真统美导致人生绝境的形成。

真对美的践踏导致以真为美的病态,无论东西方,都出现了现实主义走向极端的例子。在中国,最明显的病态之一是宋明理学对宋明小说的消极作用。高尔基说过,对生活进行"观察、比较、研究,借助于它们,我们的'生活印象'和'体验'才被哲学加工并形成为思想,被科学形成为假说和理论,被文学形成为形象"[1]。应该说,把文学对生活的反映类比于哲学、科学之于研究对象是不恰当的。与走极真的道路不同,一些理论家、艺术家走了相反的论证之路,那就是形形色色的"现代艺术"。现代艺术以摆脱真实、理性,摆脱道德理念为时尚,或者宣称"为艺术而艺术",其结果也是另一种美的沦丧。德国哲学家斯宾格勒认为,发展到文明末期,一切艺术早已化为全无意义的点缀物,它的内在灵魂也久已丧失了。故在今日堕落的西方,不仅早期的各种艺术久已死亡,即使后期艺术,如伦勃朗的丰美表现,也已堕为今日毕加索式的纯智的结构,音乐也由贝多芬的全盛期蜕变为今日印象派等颓废平凡的音乐。这说明文化的金矿早已为我们的前辈挖掘极多,

---

[1] [苏]高尔基:《论文学》,孟昌、曹葆华、戈宝权译,人民文学出版社1978年版,第316页。

今日已不再是一个拿画笔、搞音符就可以轻易创造灵魂作品的时代。[1] 斯宾格勒表达了同许多西方思想家一致的对于西方文化的绝望之情,虽然消极,但这种极其文明之绝境的洞见是相当精致入微的。

文明及艺术真美境界的绝境,实质上是哲学的危机。美的失落源于人生绝境的形成。在哲学上,与自然科学发展相因应,近代哲学的滥觞以理性的复苏为最大特色。从英国经验主义哲学到大陆理性主义的形成,从法国机械论、无神论思想到德国古典哲学,以及使唯物主义庸俗化、机械化、逻辑化的倾向,自然科学的知性思维模式,最终使人类陷入了机械、物质、实验证明的海洋。文化主体被漠视,从而产生了人类历史上从未有过的文化主体的"异乡感",一种对于世纪的恐慌很快代替了往常基于理性的自信,于是人类不约而同地走向了理性的反面。唯意志主义、生命哲学、现象学、存在主义、人格主义、新托马斯主义、弗洛伊德主义、法兰克福学派、哲学人类学等应运而生,成为与实证主义、马赫主义、实用主义、逻辑实证主义等科学主义思潮相对垒的时尚。这种哲学的反叛、精神文化

---

[1] 参见刘述先:《文化哲学》,黑龙江教育出版社1988年版,第46页。

第二章　欣赏型德育模式追求的教育境界

的反叛，恰好证明了超负荷、片面发展的物质文化对于人的压迫，知性思维、逻辑、理性等没有解决人类问题的全部和实质。工业、科学的发达带给人的是思想的物化、制度的物化、主体性的否定、精神家园的失落。人文主义也促使马克思主义思潮把研究聚焦于人的主体方面，如意志、欲望、生命冲动、直觉、情绪、爱欲等，西方马克思主义实现了人本化、主体化，他们都以对主体的关怀从反面证实了文化主体的被冷落。物质生产的现代化没有克服反而加剧了这一倾向，因此，这一阶段的危机的克服方法绝不能沿现存发展轨迹去寻求。

社会宏观文化既然是极真君临一切，那么教育作为文化的一分子当然难以免俗。近现代教育史的最大进步就在于摆脱了宗教及君权的阴影，引入科学也进入科学，反过来对科学与文明整体全面迅速的发展做出了贡献。单从美育角度看，工厂式的学校，批量生产式的班级授课制，加上先进的仪器设备，可使成千上万的学生在极短的时间内学到古人费时长久方可偶得的艺术技巧。科学手段（尤其是网络技术）的发展也使各门艺术的精品走到每个愿意欣赏它的学生面前……这些优势都是过去无法想象的。但是，唯科学主义的泛滥同样也使近现代教育面临着同人类文化整体相同的危机。其突出表现如下：①智育课程尤其是自然科学方面的课程，实际上被奉为至高无上的主导课程，而道德教育、美育、体育等课程萎缩。这在一些发展中国家尤为显著。课程片面的直接后果是片面人格的生成。②道德教育、美育、人文科学等课程，因在各科专家那里只有一个自然科学的标准范式，所以即便学校开设以上课程，也只等于开辟了自然科学方法论的其他一些应用领域。唯科学主义世界观处处受强化，教育的主体性被忽视，一些无法用自然科学方式去解决的教育问题也被"科学化"了，譬如被许多人奉为时尚的品德及教育的量化模式。③教育科学曾因其不合乎自然科学范式而被人宣布过死亡，而后人们又对它进行了以自然科学范式为准的改装。这种大成问题的教育理论又倒过来印证、加深了教育实践中唯科学主义的病态。④教育目标、制度、实践上对人的精神世界的漠视，对学生面临的精神饥渴、危机缺乏应有的关怀，造成或加剧了世界范围内青年一代的道德沦丧和精神危机，使教育同整体文化一样走到了非经更高扬弃否则不能前进的地步。

3. "美真善"的更高统一与新文化境界的展望

面对现代社会的危机，在不同的思维领域，不同的思

第二章　欣赏型德育模式追求的教育境界

想家都做出了反应。在西方，斯宾格勒认为，我们这个时代精神创造的可能性已经枯竭，唯一真实的是权力政治而非文化的创生。因此，他在《西方的没落》一书中下结论说："我只能希望，新一代的人们能为这本书所推动，将自己供奉于技术以代替抒情诗，海洋以代替画刷，政治以代替知识论。更好的，他们不可能做。"[1]这种对当代文明的绝望心情可以说是当今世界西方哲学悲观情绪的代表之一。当代西方哲学的主流即是对主体性的强调。对人类文化物质化的抗议和批判正是对走向极端的真美文化的抗议与批判。在东方，以儒家伦理为传统的东亚国家的经济成就，使得不少思想家把救世的思考专注于儒学的复兴。韩国儒教学会副会长赵骏河在谈到孔子的"仁"时，曾经指出："未来的21世纪将是物质极大丰富，科技高度发展，人们的生活更加安乐和方便的一个时代，但是把物质作为衡量价值标准的价值观，会给人们带来不幸的结局……只有持仁为核心的价值观，才能享受丰饶的经济和发达的科技所带来的安乐的生活，建立和平的共生共存的世界。"[2]在中国香港、台湾，新儒学俨然成为影响深远的一大思想

---
[1] 转引自刘述先：《文化哲学》，黑龙江教育出版社1988年版，第58页。
[2]《儒学价值观与二十一世纪新人》，《中国文化报》1994年11月13日。

流派，也反映了人们对文明的出路的另一种乐观探寻。但是，东西方这两种探索方式都是各有其局限的。前者是以对真的绝望，否定当前文化的合理性及其继续发展的可能性为特征，后者则流露出相当成分的复古情绪。借鉴历史，吸收传统的精华固然正确，但是使历史死灰复燃的倾向则是不可取的。文明的出路既不在于完全肯定或否定真美文化，也不在于完全肯定或否定善美文明。刘述先教授说得好："我们今日要拯救世界危难的方向大致可以划分成为两部分问题，首先我们要求'文艺复兴'，东西方都要恢复它们一度闪耀过的活泼生命精神，才不至堕为僵死物化，走上它自己文化的灭亡命运。二则我们要求'东西汇合'，东西方文化务须分别发现其内在的症结，吸收其他文化的优点，以修正自己的缺陷与弊端，才得以未来造命，而未来的世界也才有希望。"[1]

因此，文化境界的进一步提高，或者说未来文化境界应当建立在经历过的两个境界基础之上，成为否定之否定的第三种境界，即"美真善"文化。它既是"文艺复兴"，复兴古代文化以救精神沦丧，又是"东西汇合"，即结合东

---

[1] 刘述先：《文化哲学》，黑龙江教育出版社1988年版，第83—84页。

第二章　欣赏型德育模式追求的教育境界

方型善美文化与西方型真美文化的优势并形成互补与超越。这一未来文化的特色可以表述为两个方面（仍从真、善、美关系方面论述），一是真、善、美的横向贯通，二是以美为体用的真、善、美统一。所谓"真、善、美的横向贯通"，指三个范畴均处于我中有你、你中有我、融为一体的化境。"有关学者对世界一百多种文化观念进行研究后，提出六个通行的准则，即正义、平等、自由、真、善、美，这六个观念是人类文化的最高表现，而所有的文化到了最高境界都是彼此相通的。"[1]所谓"以美为体用"的三者统一，是强调真、善通过美实现和表达，同时又以美为最高追求境界。同真、善、美统一的前两个形态相比较，这一境界是综合和超越历史文化的成就而达到的新高度。追求贯通，即对原始真、善、美统一理想和对真、善、美统一的近代科学形态认识的继承，它不仅要求剔除古代的盲目，也要求扬弃近现代文化"屠宰场式"的分析思维范式。贯通是一种基于科学的真、善、美返璞归真式的统一模式。说"美真善文化"是一种否定之否定，其根据即在此处。"以美为体用"并非只是简单地让"美"取代"真"的

---

[1] 高志其：《大文化时代》，《未来与发展》1994年第5期。

地位成为三者统一的最高统摄者,而是因为唯有美是一种全面连接文化主客体的中介,它既能杜绝极善对真、美的奴役,也能防止极真对世界纯客观性的肯定。由于通过立美、审美过程,人类对善与真的传递、接受、达成和创造都将是春风化雨式的,文化的主体性与对象的客体性,人的理性方面和非理性因素等皆可兼顾和统一,从而克服宋明理学式的道德文化模式及近现代机械文明模式的积弊而达至较高较美的境界。从人生意义上讲,这一模式的特点和优势,将是对人生尤其是精神家园寻找方面的全面关怀,故它有利于人格发展这一全面目标的建构及实现。正如黑格尔所指出的,"审美带有令人解放的性质"[1]。

文化的美、真、善境界要求于现实变革的将是对哲学上物质主义世界观、科学崇拜现象的彻底批判,艺术不再是毫无意义的空虚和人工的宣泄,也不再是对古老艺术的高技术再模仿,是新创造而非新的技巧;制度文化上对金钱政治、权力政治的摒弃;日常生活上对物的膜拜及消费主义批判的真正实现;等等。我们不可能对未来下更精确具体的定义,那只能建构一个乌托邦。但基于现实和历史

---

[1] [德] 黑格尔:《美学》第1卷,朱光潜译,商务印书馆1979年版,第147页。

第二章　欣赏型德育模式追求的教育境界

文明，我们可以展望的是，对美、真、善境界的真正追求，将成为未来人类物质文化、制度文化和精神文化最为显著的特征之一。

作为美、真、善统一的未来文化成分的教育，也必然因为其文化特征而具有新的特色。现在至少可以展望的应有以下四点。①教育思想上的革命。现代教育事实上已经证实了唯科学主义教育的种种积弊，诸多人文主义教育学说的产生都是对极真文化的否定。对教育主体性、教育中非智力因素、教育的人生意义的关注等，在未来教育文化中将成为最突出的现实。②全面发展的人格将成为教育的唯一目标。对德育、智育、体育、美育等课程的割裂理解将被扬弃，代之以教育要素的相互贯通、融为一体的综合课程安排，潜课程教学将被视为教育有机体的一个重要方面。③教育对美的关注将不仅在于引起人们足够重视的艺术教育，而且在于将人生意义建立在美的境界上，科学的学习、体能的培养、道德的完善都将作为进入人生化境的必要条件而存在。④教育方法上的革命。道德教育上说教式的灌输将首先被克服，教育方法不仅是科学化的，而且是人格化、情感化或境界化的。教育将被视为师生间和谐人际关系及课堂、学校等教育环境的诗意氛围的创造。教育内容的传递或内化效率也将因其审美性而得到空前的提高。

教育观变革即是德育观、美育观的变革。道德教育与美育的沟通与协同只不过是人类全部文化史演进的一个附带的果实。但对于教育系统本身来说，它具有划时代的革命意义。

建构欣赏型德育模式是中国社会与教育发展的实际需要。众所周知，近年中国政府正在全方位积极推行"素质教育"的政策。与"素质教育"的基本追求近似的发生在基层或民间的教育探索如"主体教育""愉快教育""成功教育""挫折教育"实验等也方兴未艾。"素质教育"被译为"Quality Oriented Education"，即"以质量为导向的教育"。这一运动实际上象征着中国社会这样一个历史性的转变：中国教育已经主要从量的扩展的普及范式向追求品质、质量兼顾的方向发展。更准确地说，世纪之交的中国教育已经开始了"质量化"发展之路。

从量的扩展到教育品质的追求的范式转换，核心之一是要克服当前教育活动中教学双方及其活动出现

第二章　欣赏型德育模式追求的教育境界

的诸多异化现象。比如教育理念上的功利主义，学生、教师、家长、社会"唯分是举"的做法与看法；作为学习主体的学生在学校教育过程中毫无主体性，完全沦为学习的"奴隶"，学习过程等同于被"规训"（discipline，福柯语）的过程；教师失去太多自由创造的空间，对教育生活感到疲惫从而无法体会教育生活的意义；等等。对于学校德育而言，这一异化现象则表现得更为突出：本来应当教人诚实的神圣殿堂，往往变成了诱人撒谎的荒谬所在；本来应当给人以道德智慧，解放人的循循善诱，往往变成了使人愚昧、束缚人思考的强制灌输；本来应当给人以道德文化享用的愉悦旅程，常常演变成一种压抑个性、否定自由的痛苦经验……

梁启超先生曾经说过："'美'是人类生活一要素——或者还是各种要素中之最要者，倘若在生活全内容中把'美'的成分抽出，恐怕便活得不自在，甚至活不成。"[1]"趣味是生活的原动力，趣味丧掉，生

---

[1] 梁启超：《美术与生活》，《饮冰室合集·文集第十四册·饮冰室文集之三十九》，上海中华书局1936年版，第22页。

活便成了无意义。"[1]可以这样说,目前中国教育实践中的诸多教育异化现象虽然不能完全归结为"趣味"的丢失、没有按照美的规律进行教育,但是我们至少会认同的是,教育中严重的功利主义取向,教育中人和人的意义的遗失等,肯定与超越性的缺乏、必要的趣味和境界等审美要素的缺乏有关。因此,中国教育"质量化"的应有之义是教育的审美化。欣赏型德育模式不过是这一审美化抉择在德育实践上的具体构想。

上述中国教育的"质量化"发展也可以从正面去加以解释。马斯洛的需要理论认为,人类在其基本需要满足的基础上会产生追求真、善、美等高层次目标的精神需要与冲动。中国社会与教育的层次发展也与此类似。如果说过去的德育相对简单,对规范、约束强调较多,那么逐步走向小康水平的中国社会在教育上是否到了一种不仅强调道德规范的简单授受,而且也开始追求道德教育的自由与个性境界的时候了呢?欣赏型德育模式的建构实际上是对学校德育更高境界

---

[1] 梁启超:《趣味教育与教育趣味》,《饮冰室合集·文集第十三册·饮冰室文集之三十八》,上海中华书局1936年版,第13页。

的一种设计。它具有某种理想的性质,但是又有着现实的教育基础——我们认为,所有成功的德育的奥秘都在于展示了道德智慧与道德人格的魅力,都是一种合乎审美规律的欣赏型德育。只不过由于建立欣赏型德育模式的自觉程度不高,合乎欣赏型德育模式要求的行为比例较低,在自发状态之下,人们不一定认识到这是欣赏型德育而已。在举国推行素质教育的今天,我们完全可以认为:现在已经到了使教育、德育审美化的自觉程度逐步提高的时候了。[1]

二、自由道德与审美德育

欣赏型德育模式所追求的德育境界,一方面要从人类文明与教育整体发展的角度,在对"美真善"的文化境界的追求中去寻求对宏观背景、历史大势的理解;另一方面则要从道德人生与道德教育形态的角度,通过对自由道德与审美德育的追求去寻求对这一境界的生活情境、教育实践的解释。

---

[1] 本文为作者接受《中国教育报》记者专访的原始稿。该报 2002 年 8 月 3 日第 4 版发表的记者专访对这一部分有较多删节。

我们可以用三种境界来分别描述道德人生和道德教育的由低而高的层次。道德人生可以有三境，即功利道德、社会道德和自由道德；与此相应，道德教育也有三境，即感性德育、理性德育与审美（立美）德育。而自由道德与审美德育的实现则是欣赏型德育模式所应努力追求的境界。

1. 功利道德与感性德育

合乎道德规则的生活也许还可以上溯到"无律"阶段，即包括完全不自觉的德行。但因为其完全无自觉，所以原始人类及婴儿个体偶然和自然的"合乎道律"的行为在此不列入道德境界的范围。同理，与此相关的道德教育也存在这样一个懵懂和不自觉的水平，也只能算作一种"前道德教育"形态，不在我们讨论之列。

道德生活和道德教育的历史上限应是主体的道德及德育的自觉意识的存在。因而第一种道德生活应是（个人）功利道德，第一种德育应是感性德育。

功利道德生活源于一种自然科学范式的认识论哲学。这种认识论将人作为自然物一样客观地看待。由于人的主体性本质难以把握，思想家们往往对自然状态的人投射了过多的兴趣。人们对这种认识论的兴趣一直维持到今天，那就是行为主义和弗洛伊德主义等所代表的主张。这种认

第二章　欣赏型德育模式追求的教育境界

识论似乎很"科学",而且也的确反映了人类生活的部分事实,因而有其揭示真理的一面。但问题是,由于忽视了人的超越性本质的基本事实,这种认识论最终是伪科学的。从这一认识论出发,伦理学提供给人的价值标准是"快乐和不适决定了有利和有害之间的界限"[1]。《列子·杨朱》曰:"君臣皆安,物我兼利,古之道也。"《习斋言行录》卷下云:"盖正谊便谋利,明道便计功,是欲速,是助长;全不谋利计功,是空寂、是腐儒。"从这一认识论出发的德育要求德育对象对待道德规范要像对待自然规律一样,敬畏、服从有余,自主、反思不足。例如,为了不触电,电工手册要求电工严格按照操作规程行事;而为了"趋利避害",道德教育教导年青一代机械遵守道德的律令。处于功利道德水平的人,基本上处于道德发展心理学家柯尔伯格所描述的"前习俗道德"水平。

> 前习俗道德(preconventional morality):反映柯尔伯格道德推理前两个阶段的一个术语,儿童的道德判断是根据行为对个体产生的实际的惩罚结果(阶段一)

---
[1] 德谟克利特语,转引自[苏]古谢伊诺夫、伊尔利特茨:《西方伦理学简史》,刘献洲等译,中国人民大学出版社1992年版,第61页。

或奖赏结果(阶段二),而不是根据行为与社会传统规范的关系。[1]

功利计较是功利道德生活的根本特征。道德生活原本是有功利性一面的。比如,从道德生活的起源来看,道德的历史诞生的确是缘于协调人际关系的利害冲突,以求社会秩序和发展的需要;再如,从历史事实的总体上讲,有客观效果上的"德福一致"原则存在,行善者从根本上总能得福于己,而作恶者"多行不义必自毙"也是总的趋势。所以从这两端出发,讲功利本没有错,但是把道德的本质和起源、德行的内在本质和客观效果相等同则是错误的。功利主义的道德生活只不过是换了一个名字的功利计算。加之认识论上已犯将人混同于动物、将人的需要等同于动物性需要的错误,于是这种伦理学说和道德教育认为人的最大和最实在的收益在于感官快乐,因而其向做出牺牲、遵守规范的人们所做的许诺就只能是快感或享乐。可是这种为了功利而牺牲功利的行为就其性质本身而言并不具备真正的道德特征,其合乎道德准则只是偶然,而当其面临

---

[1] [美] David R. Shaffer:《发展心理学:儿童与青少年》,邹泓等译,中国轻工业出版社 2005 年版,第 536 页。

第二章　欣赏型德育模式追求的教育境界

道德和利害的冲突时必然背弃道德原则。更有甚者,以功利为准则的道德生活极容易走向"拔一毛而利天下,不为也"的反道德生活。《列子·杨朱》公开说:"丰屋美服,厚味姣色,有此四者,何求于外?"这种功利道德哲学指引下的道德生活和道德教育只可能有两个后果:一是教人自私,二是叫人伪善。就道德教育领域而言,目前感性德育范式从一定意义上说仍是现实。许多家长以前途和未来的"实惠"哄孩子遵守规范,不出乱子。许多老师以分数和升学的利害要求学生守纪律,做合乎标准的答卷。许多地区实行的所谓"德育量化"模式就是功利主义德育或规范德育的典型。其要求学生服从的规范是一种貌似"科学"的得分指标。学校教育系统在道德理想教育难以进行或收效甚微的情况下,干脆放弃社会理性宣传,进行"实事求是"的德育。而实际上,教育系统中许多人津津乐道"现在不再讲那些大道理"时,并不知道他们已经退到了道德生活和道德教育的起点,甚至更危险地讲,他们实质上已经放弃了道德教育的真正使命。

功利道德生活和感性德育所要求和所塑造的人格是一种"庸人"形象。庸人形象的主要特征有两点:一是他坚信除了利害计较以外绝无别的生活智慧,二是他坚信人生最大的快乐就在于感官刺激的充分满足。庸人人格的形成，完全是许诺快感的道德哲学和道德教育的产物。人是动物，但人又有高于动物的本质，人的本质从根本上说是他区别于其他动物的独特性。从共性认定人的本质，从而许诺给予动物性满足的种种好处的道德哲学从一开始就是完全错误的。现代伦理学已经做了大量工作，区别快感（快乐）和幸福，认定满足人格需求的幸福才是人的伦理生活之根本目的，而对以快乐、快感作为道德生活的目的展开了有力的批判。有学者认为，快乐、快感之所以不能作为伦理生活的目标，原因在于以下三点。①快乐本身是消费性质的东西，快乐感同需要的满足过程共始终，因而无法作为生活过程的价值目标。[1] ②存在与快乐、快感作为生活目标的反命题：痛苦也是生活中必需的。其理由是，没有痛苦绝无快乐，"做一个不满足的人要比做一个满足的猪好"[2]，而人们凭借常识不能接受将痛苦也作为生活的价值目标。③最致命的在于快乐、快感本身只具有中介意义并不具备价值特性。"内省告诉我们快乐和痛苦并不是生活

---

[1] 参考赵汀阳：《论可能生活》，生活·读书·新知三联书店 1994 年版，第 113 页。
[2] 约翰·斯图亚特·密尔语，转引自［德］弗里德里希·包尔生：《伦理学体系》，何怀宏、廖申白译，中国社会科学出版社 1988 年版，第 234 页。

第二章　欣赏型德育模式追求的教育境界

的肯定性的或否定性的目的，而只是一种意识状态，这种状态是伴随着那种意志在其中领悟到自身及其倾向的行为出现的。"[1]这样，快乐、快感一开始就具有价值的无根性，它本身尚且需要目标去说明，岂可作为追求的目标？由于快乐、快感、利害计较本身的非价值性，这种道德生活和道德教育所塑造的当然只能是一个没有价值追求（无魂）同时趣味卑下（无趣）的人格。正如伦理学家包尔生所说，如果快乐主义或功利道德生活准则的倡导者是对的，那么他"将被迫承认荷马史诗中那位女巫塞西是人类的造福者，因为她把每个踏上她的岛屿的人都变成喂养得很好和十分满足的猪。他不是要把踏上这块土地看作每个人最大的福祉吗？在我看来，除非快乐主义哲学家愿意承认这些，否则就必须承认快乐或满足并不是具有绝对价值的东西。快乐仅仅在它作为有德性的行为的结果时才有价值，而当快乐是通过刺激我们本性中低级的、感官的东西和压制我们较高的精神能力而获得的时候，我们就把这种快乐看作卑下的"[2]。更为严重的是，功利主义道德和感性教

---

[1] [德]弗里德里希·包尔生：《伦理学体系》，何怀宏、廖申白译，中国社会科学出版社1988年版，第225—226页。
[2] [德]弗里德里希·包尔生：《伦理学体系》，何怀宏、廖申白译，中国社会科学出版社1988年版，第230页。

育虽然许诺快乐，但它所迁就的道德主体却不可能因此而获得真正的快乐。这是因为，即便获得了一些快乐（有利益可得），由于快乐本身的消费性，这种感觉稍纵即逝；加上物欲的无限性，人们往往又有夸大自己付出的心理倾向，这种消费性的满足其实也仅属偶然。更多的可能只是损人（才可能利己）之后的心理紧张或者人我为敌的人际关系所带来的完全异己和孤独的生存环境——而这正是现代个人主义的自然和现实的结果。所以，庸人所拥有的痛苦远远大于快乐，正如守财奴虽然拥有很多财富但是始终愁眉苦脸一样。

从伦理学角度看，庸人形象是一个非道德的形象；从教育学角度看，庸人形象是教育的一大失败；而从美学的角度看，是仅仅符合生物学意义上的人的某些"规律性"而与人之为人的本质和"目的性"背道而驰。这种"无魂"且"无趣"的人格既谈不上"合规律性和合目的性的统一"，也谈不上"人的本质力量的对象化"（美的本质）。因此，无论是在人类历史还是在现实生活中，庸人形象都是丑的具体。道德生活与道德教育都应以扬弃这一人格形象为起码的要求。这不仅是伦理学的要求、美学的要求，也是全部人学的要求，当然也是教育学的要求。

2. 社会道德与理性德育

个人功利主义的道德生活和为此而确立的感性德育造就的是无道德本质的庸人，庸人的本质在于其"无魂"——无价值目标（因而趣味卑下，兼具"无趣"特征）。那么如何使无魂的庸人得到价值指引或找到人格的灵魂？历史上的主流思想曾试图用社会道德取代个人道德，用社会理性取代无价值说明的规范，这就是所谓道德生活上的社会道德境界和教育上的理性德育范式。请看以下例证。

> 亚里士多德在其《政治学》中说："凡人不由于偶然而由于本性不归属于任何城邦的，那么，他如果不是一个鄙夫，那就是一位超人。""人类不同于其他动物的特性，就在于善恶正邪以及其他类似观念的辨认。而家庭和城邦的结合，正是由于人类共同地拥有善恶这类义理的缘故。"卢梭则在其《社会契约论》中指出："唯有当义务的声音代替了生理的冲动，权利代替了口腹之欲的时候，前此只知道关怀自己的人类发现不得不按照另外的原则行事，并且在听从自己的欲望之前，要先请教自己的理性。""人类因社会契约而丧

失的乃是自然的自由,以及对于自己所企图的和自己所能得到的一切东西的那种无限的权利;而所获得的乃是社会的自由,以及对于自己所享有的一切东西的所有权。"[1]

亚里士多德的"观念"、卢梭的"理性",前者的"城邦"、后者的"社会的自由",同柏拉图的理念、黑格尔所言的绝对精神及中国儒学大谈特谈的天道概念等均有一致的地方,那就是,个人应以社会目的为生活目的,道德生活的准则只有一个,即"社会理性"。如果说功利道德和感性德育所依据的哲学是一种自然科学范式的认识论,那么,社会道德和理性德育范式的哲学基础则是一种具有神学色彩的社会目的论。如果说前者是个人功利主义,后者则是一种社会功利主义;如果说前者是一种劝人为个人利害而遵守规范的德育,后者则是一种倡导为社会、为理性而献身的规范教育之第二具体。因此,社会道德区别于功利道德在于其目的论的基础,理性德育超越于感性教育范式的则是理性原则取代了感性原则。

---

[1] 转引自拙著《美善相谐的教育》,黑龙江教育出版社2003年版,第145—146页。

第二章　欣赏型德育模式追求的教育境界

之所以说社会道德所遵行的目的论实际上是一种神学目的论，是因为我们往往完全脱离个体感性生活去谈社会理性而得不出任何逻辑上的结果。比如《孟子·告子上》说："口之于味也，有同耆焉；耳之于声也，有同听焉；目之于色也，有同美焉。至于心，独无所同然乎？心之所同然者何也？谓理也，义也。圣人先得我心之所同然耳。故理义之悦我心，犹刍豢之悦我口。"这是一种典型的"隐喻式"论证方式，文学性有余，而逻辑性不足。因为"我口"与"刍豢"，"我心"与"理义"之间是否一定是这种类似的关联，令人怀疑。同理，为什么为"城邦"而生活，为"社会的自由"去遵守"社会契约"一定是合乎理性的，也是值得怀疑的。按照亚里士多德、卢梭的论证，社会道德生活之所以正确，要么是因为社会契约——这一理由很快就可还原为前述的个人功利主义而不可取；要么是因为社会本身就天然地值得遵从，就像天国、上帝一般具有不容怀疑的神圣性质。所有宗教正是这样借助与生活无关的第三者（上帝、佛祖等）去进行非理性的理性论证的。所以，除非社会道德具有个体生活的基础，理性与感性相结合，道德生活的价值目标才能成立。而长期以来，社会道德论者则刚好相反。无视生活去谈人生的准则是中世纪以来所有社会理性道德生活范式的理论共性。

　　神学目的论用社会、理性、天理等强制人过"灭人欲"而"存天理"的道德生活，与之相应的道德教育也从向个体允诺"快感"转而向人许诺"崇高"。德育从如下两个方面加强了强制性。①理性德育告诫学生，个体要做人就必须"崇高"。而崇高的前提条件是过合乎道德规范的生活。这是一种精神或逻辑上的强制。②既然理性和社会是神圣的，压抑个体去保全社会利益、实现理性生活就被教育者们认为是顺理成章的。这是一种外在生活的强制。故这种道德生活必然以过多的义务、压抑或牺牲作为代价或特色。如果说前面所言的感性教育是哄骗学生遵守道德的规范德育，那么现在这种大讲理性的规范教育的新品种的特征则是居高临下和实实在在的惩罚。体罚从中世纪至今仍未绝迹，其教育上的理由之一就是舍此则不足以用理性赶走个体肉体所寄托的"撒旦"或"心中贼"（王阳明语）！从说服方法的角度看，感性德育用的是个人得失权衡的比较，尚有具体、感性的一面。而理性教育所凭借的本来就是些抽象的教条，所以理性德育的另一些至今仍挥之不去的特征是抽象枯燥的德目主义及教育上的强制灌输、死记硬背、知行不一等。

第二章 欣赏型德育模式追求的教育境界

正如功利道德、规范德育向学生许诺快乐不能真正使学生获得快乐一样,社会道德生活和理性德育范式向人所许诺的崇高也同样是虚幻的东西。这种虚幻性首先在于社会道德对个人、理性对感性的完全否定。这实质上是道德个体性或主体性否定,而个体性乃是伦理生活的本质。我国伦理学者赵汀阳曾对此做过十分精彩的论述:"伦理学主体是真正个体化的主体,于是伦理学主体就从根本上区别于知识论主体。"[1]"在知识论中,排除私人性是为了获得真理,而在伦理学中,则通过真理揭示私人价值。"[2]"伦理学主体是一个私人性主体,幸福总是个人的幸福。"[3]"尽管人们需要好社会,但从根本上必须为生活着想而不是为社会着想,因为社会的价值不是一种自足的价值。为社会而社会是难以想象的。"[4]这里,赵氏实际上说明了两点,一是好社会只是价值生活的条件而非生活的终极价值目标,二是伦理目标只能是通过真理的揭示去实现有价值的个人生活。社会道德和理性德育脱离伦理生活主体去构造伦理生活,故其允诺的崇高从逻辑的起点上就是站不住

---

[1] 赵汀阳:《论可能生活》,生活·读书·新知三联书店1994年版,第100页。
[2] 赵汀阳:《论可能生活》,生活·读书·新知三联书店1994年版,第101页。
[3] 赵汀阳:《论可能生活》,生活·读书·新知三联书店1994年版,第101页。
[4] 赵汀阳:《论可能生活》,生活·读书·新知三联书店1994年版,第110页。

脚的。另外，由于社会道德和理性德育脱离个人生活去追求所谓城邦生活或人的理性，这种生活与教育的另一种缺陷就是对感性生活的断然否定和所允诺给予人们的人格崇高的抽象化。所有的宗教都一律劝诫人或曾经大力倡导人过一种苦修的生活，中国社会理学道德达到过"礼教杀人"的极端等都是明证。由于这种天上的崇高极难在地上的肉体身上落实下来，因而道德教育除了使用强制手段使道德学习主体做出道德崇高的样子并无多少好的手段。于是就像功利道德、感性德育产生庸人一样，社会道德和理性教育就产生另一种畸形人格——"死人"形象。

这里所谓的"死"，不是指肉身的灭绝而是指生趣的灭绝。死人形象有两类，一类是心如死灭，以道德规范为宗教教条，以之为生命活动的根本者，鲁迅笔下的祥林嫂形象是也；另一类是外表道貌岸然，但在黑暗里却行得出所有亵渎人性之勾当的卑琐人格（"行尸走肉"是也）。后者是徒具外壳，不足以称之为道德人格。前者虽然达到了他律甚至较高的自律水平，但是完全外在的道德规范早已成为生命个体身上的异己力量。这样的个体生活只是一个理性或道德概念的符号，而不是一个有血有肉、活生生的道德主体的形象。"了无生趣"是这种死人的典型特征。可是

第二章　欣赏型德育模式追求的教育境界

"趣味是生活的原动力，趣味丧掉，生活便成了无意义"[1]。所以包尔生说："我们必须反对一种错误的精神化倾向。感官的甚至动物性的功能也有它们的权利。"[2]"一个民族也需要它的战士和政治家来保卫它和推进它的外部利益；也需要它的商人和水手开发新的区域和海洋以进行贸易……也需要它的母亲真诚慈爱地抚育它的孩子；最后，也需要那些在街上玩耍的孩子本身。所有这些都属于这个民族，它们不仅是没有它们精神生活就不可能存在的外部基础，也是这个民族生活的一部分。"[3]故无趣的死人不仅无益于个人，而且最终无益于社会。为了社会而生活的个人最终却使社会失却了原动力或活力，这无疑是一大悲剧。所以就像庸人因"无魂"而"无趣"一样，这里的死人则因为"无趣"而最终失去了其似乎有过的"灵魂"（"无魂"即无目的性矣）。

功利道德和感性德育是以"小我"的功利为基础去教人过道德生活的，是一种"有我之境"；社会道德和理性德

---

[1] 梁启超：《趣味教育与教育趣味》，《饮冰室合集·文集第十三册·饮冰室文集之三十八》，上海中华书局1936年版，第13页。
[2] [德]弗里德里希·包尔生：《伦理学体系》，何怀宏、廖申白译，中国社会科学出版社1988年版，第238页。
[3] [德]弗里德里希·包尔生：《伦理学体系》，何怀宏、廖申白译，中国社会科学出版社1988年版，第238—239页。

育用"大我"扬弃了"小我",是一种"无我之境"。前者只合乎部分"规律性"而不符合人的目的性因而造就了一种丑的人格(庸人形象);后者则以一种虚幻的"目的性"(神学目的论)完全否定了人作为个体和生物的起码的规律性的一面,因而同样是远离了"合规律性和合目的性的统一"的立美标准。人本质的虚幻性也决定着人格形象不可能成为人自身本质力量对象化的形式。因此,死人形象是另一种丑的具体。

那么真正的道德生活应该是一种什么样的生活境界?真正的德育应该是一种什么样的境界?是不是一种简单的"个人+社会""感性+理性""小我+大我"的混合物?答案必然是否定的。因为简单相加尽管无法调和两种思想体系的对立,但也是一种简单的历史复归(即"复辟")。真正的"无我之境"应是一种"有无之境",是有无统一之后的新的道德精神和生活趣味的统一(赵汀阳称之为"可能生活",包尔生称之为"理想生活")。与这种道德境界相联系的应该是充满人间情趣的同时又教会人实现道德尊严和幸福人生的道德教育体系。道德生活至境的起点应是对两种功利德育(个人功利、社会功利)生活的否定,道德教育至境的起点则应该是对两种规范德育(感性德育、理性德育)的扬弃。而这正是德育美学观和欣赏型德育模式建构所努力追求的目标!

3. 自由道德与审美德育

伦理学和美学的当代发展有一个有趣的趋同,那就是不约而同地都以"人学"作为各自理论的基础。赵汀阳在《论可能生活》中认为"价值与事实是一致的却不是同一的,生活问题是由事实生长出来的另一种问题"[1]。所以,伦理生活的真理既不应从"事实"(to be)中靠自然科学范式的认识论研究去求得,也不以归结于"应该"(ought to be),用神学目的论阐发生活的价值。伦理学必须从这两种思考维度中走出来,走进"人学目的论"[2]。"价值真理的形式不是 to be 也不是 ought to be,而是 to be meant to be (意味着是……)","价值真理的一般形式是,X 做到了 X 所意味着的事情",而"那种所意味着的事情是 X 的存在目的或者说存在的使命。如果不实现这种目的或使命,那么 X 的存在就是无意义的,就仅仅是时间性的延续。比如说对于人来说,有意义的生活不等于活得尽量长"[3]。道德

---
[1] 赵汀阳:《论可能生活》,生活·读书·新知三联书店 1994 年版,第71页。
[2] 赵汀阳:《论可能生活》,生活·读书·新知三联书店 1994 年版,第67页。
[3] 赵汀阳:《论可能生活》,生活·读书·新知三联书店 1994 年版,第72页。

生活的本质在于人做人意味着的事情，既意味着人不以脱离感性生活为目的而去追求抽象的理性，脱离个体去寻求社会性的"应是"，也意味着个体必须对自己的人的价值尊严负责，创造性地确立价值主体的尊严。人过真正的道德生活，就是实现人本质的过程（是人类本质力量对象化的过程），同时，"to be meant to be"既意味着人的目的性，又意味着人的目的性必须在生活事实中（合规律性）完成。因此，真正的伦理生活必然具有立美和审美的可能性。

"to be meant to be"意味着超越"to be"和"ought to be"思维的地方在于：①它用生活的创造性扬弃了人的生物制约性和社会理性对人的片面外塑，因而创造性的生活既意味着伦理生活的创造，也意味着伦理主体和道德学习主体之主体性的重新确立。②扬弃的另一个结果是超越，人既保留了生命的鲜活，又追求生命的意义，人既讲目的性，又否定虚幻的天堂存在。这种生活将是一种驾驭生活的自由形象的获得或创造过程——生活与人生之美的创造过程。如果说主体性的回归意味着在道德生活和教育中立美和审美的可能性的回归，那么自由形象的塑造则是这种真正的人的生活立美和审美的现实性所在。故人学基础可以给予道德生活的是一种自由境界，给予道德教育的则可

第二章 欣赏型德育模式追求的教育境界

能是一种审美（立美）范式的前提。

这就是我们所要追求的自由道德和审美德育！

自由道德作为真正的道德生活，审美德育作为至境德育能许诺人的既不可能是媚俗的物欲满足（快感），也不可能是叫人过非人间生活的"崇高"。自由道德和审美德育所要做的是对以上两种非人生活目标做出扬弃，给人以人的本质，给人的生活以生活的价值。所以，自由道德和审美德育许诺给人的既非快感，也非崇高，而是生活的"幸福"。那么，幸福是什么？许诺幸福与许诺快感和崇高有何不同？

> 幸福其实就是目的性自由实现时的主体状态。幸福感，即对人之为人生活实现的心理感受。当一个人感到他尽了尤其是创造性地尽了作为人类崇高一员的使命时，他会感到一种人间的神圣与惬意，这一过程就是幸福的创造与感受的过程。人要过人的生活，目标只有一个，就是人生的幸福。而幸福必定成为道德生活和教育的目标的原因为以下三点。①幸福具有价值的自足性。快乐的非价值性在于它否定人之为人的本质，把人格降低为动物性，同时也在于它只能作为

一个附属物而不能作为一个独立的生活指标。幸福则不然，一是常识告诉人们生活的目的只在于生活的质量，而生活质量标准只能是人生的幸福；二是生活的意义只能在于生活目的的实现，而幸福正是人之为人生活意义的自由实现。物质的快感和痛苦只要是服从于实现为人生活目的的，其本身也可能作为幸福的组成部分。而相反，幸福绝不可能从属于快感。所以许诺幸福不同于许诺快感的地方在于幸福所具有的价值性，或生活价值的自足特征。②幸福具有真实性。"崇高"之所以不能成为生活的目标，是因为其是一种脱离生活的目的性。非人性决定了它不能构成生活的目标，而幸福只不过要求人做那些人的本质所规定的或作为一个真正的人应该做的事情而已。所以，许诺幸福区别于许诺崇高的地方在于幸福的真实性。包尔生说："有德性的行为始终是最大的幸福和喜悦，即使它并不带来外在的幸福，即使它反给他的肉体带来磨难……幸福不是为德性准备好了的，而是由自身的德性带来的。"[1] ③幸福具有享用性。幸福高于快感，

---

[1] [德]弗里德里希·包尔生：《伦理学体系》，何怀宏、廖申白译，中国社会科学出版社1988年版，第347页。

第二章　欣赏型德育模式追求的教育境界

同时幸福也超越了"牺牲"。"一种合乎目的的行为方式总能够引起幸福经验……合乎目的的行为是自由的行为，它不可能是一种自找苦吃的愚蠢行径，即使是一种牺牲的行为——牺牲某种利益甚至生命——也一定能够在另一种意义上获得幸福经验，而不可能是一种在任何意义上都否定自身的行为。"[1]"幸福的行动必定免除了或者说自由于（to be free of）各种计较——无论是自私的还是无私的计较。"[2] 所以伦理生活的至境同审美生活至境在最后总是自然地融通的。幸福的非牺牲性不是说人没有付出，而是说人的付出早已是出于人之为人的本心从而超越了利害计较，得也罢失也罢，并不在他的活动目的或价值关心的范围。这也就是审美上的"非功利"或"超功利"的境界。非功利的幸福生活和道德人格由于人的自由本质的灌注必然具有肯定人的特征，幸福生活其实就是"诗意人生"，道德人格其实是审美人格。它们都自然地成为主体精神享用的对象。所以快感无价值、崇高非人

---

[1] 赵汀阳：《论可能生活》，生活·读书·新知三联书店 1994 年版，第 75—76 页。
[2] 赵汀阳：《论可能生活》，生活·读书·新知三联书店 1994 年版，第 123 页。

性决定着许诺快感与崇高都只能带来人格的畸形;真正的道德生活和道德教育只能许诺具有价值性(区别于快感)、真实性(区别于崇高)、享用性(超越了前两种价值)的幸福(生活)。[1]

许诺快感产生无魂的"庸人",许诺崇高外塑无趣的"死人",而许诺幸福的道德生活和道德教育[2]即是从生活和道德主体的真实出发的,其所造就的将是一种"真人"(相当于王阳明的"真吾",不等同于道家的"无伪"的自然之真)。

"真人"即人们常说的"圣贤人格"。不同的是,人们讲圣贤人格时往往使人有一种可望而不可即的神秘感(如道家之真人、儒家之圣人、佛家之菩萨等),而真人形象的第一特征乃是它的"返真性"。返真性的要义有二:一是它还人性的真实(既非纯粹的动物性,也非纯粹的社会理性,而是生物性与社会、精神性的有机统一);二是返老还童的"童稚之心"。前者表现为一种科学性("理"),后者表现

---

[1] 转引自拙著《美善相谐的教育》,黑龙江教育出版社2003年版,第153—155页,有删改。
[2] 本书作者另有专论《幸福教育论》,发表于《华东师范大学学报》(教育科学版)1999年第1期。

第二章 欣赏型德育模式追求的教育境界

为一种淳朴性("趣")。真人形象其实是人的真实本质的自然流露或实现,其或者表现为一种掌握价值真理游刃有余于道德生活之中的优雅,或者表现为一种超越功利计较,与邪恶和陈规陋习进行不妥协斗争的崇高。所以返真性即"自由性",或者说由于返真性,真人形象的第二特征是自由性,而自由性是人格美的真正内涵。真人看起来只不过做了凡人应做的事,尽了人应尽之责,然而真人形象正是由于这种淳朴的返璞归真而达到了对人的极限的超越。优雅的道德人生其实表明了一种"天人合一"或者道德个体知天、事天、乐天、同天的"天地之境"(见冯友兰的《新原人》等);崇高的道德人格实质上是一种超越有限而归于无限、唾弃卑下而趋向尊严的神圣人格,同样复归于"天理流行"的至境。所以,自由与崇高使真人收获现实生活幸福的同时也赋予其现实生活以"神圣性"。返真性、自由性、神圣性使真人形象成为一个道德主体自由本质对象化(立美创造)的结果,成为诗意人生的特质,同时也因其实现了人格的"合规律性和合目的性的统一"而"魂""趣"具备,其必然成为审美观照的美的形象。故"千学万学学做真人"(陶行知先生语)不独为教育的真言,而且是生活的真谛。

"真人"是至境道德生活和教育的结果,故追求至境道德和教育也应以真人形象的完成为其核心目标。至境人生和至境德育的审美特性并非自然的实事,而是道德主体、道德学习主体和德育工作者所要追求的最高境界。故境界的理论分析只是境界达成的起点。这一境界的真正达成,尚有待于观念上德育美学观的建立,实践上欣赏型德育模式的建立。因为欣赏型德育模式是——

> 一种希望内在地借鉴审美精神,以实现"解放教育对象"和"提升教育对象"双重教育使命相统一目标的德育实践模式。我们的基本理论假设是,道德教育的内容与形式如果可以经过审美化改造,成为"一幅美丽的画""一曲动听的歌",那么与这幅画、这首歌相遇的人就会在"欣赏"中自由地接纳这幅画、这首歌所表达的价值内涵。

最近几年,中国德育界流行一种"生活德育"的理念,主张德育应当"回归生活"。从总体上说,上述理念、主张对于脱离生活的灌输式的德育是一种有力的批判和矫正。"回归生活"的德育有可能是一种"美、真、善"文化的表

第二章 欣赏型德育模式追求的教育境界

现,有可能走向"自由道德与审美德育"。但是,在"回归生活"的抽象口号之下,稍不小心就会出现回归纯粹的动物性生活或者回归中世纪的危险。本来我们是要"从天上回到人间"的,但是结果近乎是"从天上"回到了"兽间"或者"神间"。我们很可能落入功利道德生活和感性德育或者社会道德与理性德育的老套路上去。如果那样,无论欢乐还是悲伤,无论收获还是损失,我们都已经远离了真正意义上的现代德育。欣赏型德育模式或者德育美学观所追求的德育境界其实是一种真实、丰富、生动的人性和人格的生成,是一种自由、高尚但真实地生活和教育的能力,是一种"美善相谐"的人生、教育与文化的境界,即"自由道德与审美德育"。

当然,对于"自由道德与审美德育"境界的追求必须具体落实到德育内容与过程的审美化处理、师生关系的审美化重建等德育实际各个环节的细致改造中去。"审美德育"的前提是"立美德育"。

第三章

欣赏型德育模式操作的基本原理

欣赏型德育模式在操作上要实现"自由道德与审美德育"的境界和"美善相谐"的理想,必须从德育内容的改造、德育过程的处理以及师生关系的重建等方面提出符合理想的基本建议,这就是所谓欣赏型德育模式操作的基本原理。

一、德育内容与过程的审美化处理

欣赏型德育模式首先是一种"立美德育"模式。这一模式存在的前提是建立合乎美的本质和规律的德育活动形式。而建立符合美的规律的德育活动形式应当从如何认识和把握美的本质和规律开始。

1. 美的本质、规律和立美创造

关于美的本质,马克思在《1844年经济学—哲学手稿》

第三章 欣赏型德育模式操作的基本原理

中曾经提出美是"人类本质力量对象化"的观点。马克思又指出:"一个种的全部特性、种的类特性就在于生命活动的性质,而人的类特性恰恰就是自由的自觉的活动。"[1]因此,美是"人的本质力量的对象化"的命题在中国美学界就被诠释为具有自由精神追求的主体实践力量的对象化。"美离不开人,因而美的本质离不开人的本质。但抽象的人的本质概念,不能成为美;人的本质转化为具体的生命力量,在'人化的自然'中实现出来,对象化为自由的形象,这时才美。"[2]因此,蒋孔阳说"美是自由的形象"[3],高尔泰认为"美是自由的象征"[4],而李泽厚则认为"美是自由的形式"[5]。许多美学家都认可了美的本质在于对象所蕴含的人类自由。美是对自由的肯定,美的精神即人类主体的自由精神。由于"形象""象征"范畴相对来说比较窄,我们认为"美是自由的形式"是比较全面的表述。而"形式"的界定既避免了"象征"之过浓的主观性,也避免了"形象"的狭隘。

---

[1] [德] 马克思、恩格斯:《马克思恩格斯全集》第42卷,人民出版社1979年版,第96页。
[2] 蒋孔阳:《美学新论》,人民文学出版社1993年版,第160页。
[3] 蒋孔阳:《美学新论》,人民文学出版社1993年版,第187页。
[4] 高尔泰:《美是自由的象征》,人民文学出版社1986年版,第38页。
[5] 李泽厚:《美学四讲》,天津社会科学院出版社2001年版,第85页。

由于"美是自由的形式",因此,何为"美的规律"的问题其实就可以转换为"什么样的形式才是'自由的形式'"的问题。马克思指出:

> 动物只是按照它所属的那个物种的尺度和需要来进行塑造,而人则懂得按照任何物种的尺度来进行生产,并且随时随地都能用内在固有的尺度来衡量对象;所以,人也按照美的规律来塑造物体。[1]

在我国,美学界基本上肯定了马克思这段精彩论述对于美的规律的深刻揭示。马克思关于美的规律的观点的要义可以概括为这样一个公式:美的规律="任何物种的尺度"+"内在固有的尺度"。前者反映客观对象的客观规律性,后者反映主体活动的目的性或自觉性,两者的结合则形成或给予人类以创造主体的"自由"。因此,美或者自由的形式就是"合规律性和合目的性的统一",所谓"立美"则是这一统一形式的达成。

那么,如何具体解释所谓"自由的形式"或者"合规

---

[1] [德]马克思:《1844年经济学—哲学手稿》,刘丕坤译,人民出版社1979年版,第50—51页。

第三章　欣赏型德育模式操作的基本原理

律性和合目的性的统一"？美学家赵宋光做过较为具体和精彩的回答。

赵氏云,"美,是自由运用客观规律(真)以保证实现社会目的(善)的中介结构形式","中介结构每一环节的建立过程,都是立美的过程"[1]。

赵氏所谓"中介结构形式"指的是人类实践活动中所采用的工具、语言符号系统及其使用的活动形式。

前者(工具、符号等)是"中介结构的外化方面"。美以真为形式而以善为内容。客观现实因果联系的规律性在手段中显现出来……中介结构所规定的具体条件使从因到果的必然性推移只能以合目的的形式展示出来。故美的规律不同于纯粹的真的规律之处在于它的合规律的形式中包含了合目的性,在于它向实践"许诺自由"。

后者(运用工具的活动)是"中介结构的能动方面","美以善为形式而以真为内容"。此时,"目的性活动以客观现实性的方式展开,但它现在用不着再以盲目尝试的形式展开,中介结构所提供的对因果联系规律的认识使主体有能力掌握、运用客观规律,因而实际活动向达成目的推移

---

[1] 赵宋光:《论美育的功能》,《美学》1981年第3期。

的过程能以合规律的形式展示出来"。美不同于纯粹的善（含目的性）的活动的地方在于主体活动的合规律性，"让实践在现实面前施展自由，人们可以在从主动活动到实现目的的推移运动中看到运用规律的理性"。因此，"任何事物的形式，只要同这种向实践许诺自由的中介结构形式有着同构同形关系，都会进入美的领域"；"人类任何活动的形式，只要同这种在现实面前施展自由的中介结构形式有着同构同形关系，也都会进入美的领域……"[1]

综上所述，就目前美学界对于美的本质与规律的研究成果看，美的规律即在于人类活动形式的合规律性（任何物种的尺度）和合目的性（内在固有的尺度）的统一。立美即是创造人类活动真与善的统一，向实践主体"许诺自由"或"施展自由"的中介结构形式。显然，立美德育也必须遵循美的规律去改造德育过程的中介结构形式，使之既符合"任何物种的尺度"，又符合人"内在固有的尺度"，使师生双方充分观照和实现道德实践及教育主体活动"合规律性和合目的性的统一"的自由本质。

---

[1] 赵宋光：《论美育的功能》，《美学》1981年第3期。

第三章　欣赏型德育模式操作的基本原理

2.德育活动的中介结构形式及其立美创造

人类实践活动的中介结构形式主要表现为工具和运用工具的活动。道德教育过程也是一种实践活动。但作为一种返身性实践形式，德育活动的中介结构具有其明显特殊性的一面。除了复杂的主客体关系，其中介形式的外化方面主要不是纯物质的存在而是教学双方完成德育任务的中介——道德教育课程内容的呈示状态。教师通过这种呈示形式将道德文化传授给学生，学生借这一工具形式实现对客体自我的改造。而作为德育活动中介形式的能动方面则是德育过程中对课程内容的呈示状态实施操作的教和学的活动形式。

首先，德育内容呈示形式的立美要求："许诺自由"。

依据美的规律，中介结构形式的外化方面应具有向主体"许诺自由"的特点，即德育内容在其合（道德）规律性的形式中必须反映出合（主体）目的性内容。德育课程的内容呈示在传统的德育过程中往往表现为一种对于学习对象的外在性，即黑格尔所讲的"顽强的疏远性"。具体表现在，教师呈示出来的道德教育的内容只是一系列规范的僵硬堆砌或者是伦理原则的抽象的、逻辑的演绎与说教。面对这一内容，教师只不过是要求学生记诵或者进行生硬的逻辑推理。故传统的德育始终解决不了这样一个难题，那就是德育较少成功地促使学生由道德认知走向道德情感、道德意志和行动。传统的德育虽然不等于"灌输"，但是往往又摆脱不了"灌输"模式的命运，原因也在这里。

克服德育"顽强的疏远性"的方法是让德育内容呈示的形式合乎美的规律，让学生认识到"建立这些规范，就是为实践主体的目的性活动建立起运用规律的形式"[1]。

从道德规范的发生角度看，人类之所以要建立一系列规范协调的人际关系，是因为其本来的目标乃在于求得个体和人类的自由、现实的发展，而不是找一种异化的约束自身的枷锁。因此，如果说伦理学说上"德福一致"的原则主要是对道德实践的社会环境的要求，在个体及具体环境中往往难以实现的话，那么，从道德发展及人类的整体历史进程两个角度来看，人类的道德生活乃是合乎"德福一致"的原则的。之所以称伦理文化为人类智慧的闪光，是因为这些看似外在客观的规则之中包含着千百年来人类对于自身发展的目的性设计不懈的主观努力及其成果的积淀。因此，异化了的因而外在的道德教育内容的呈示形式

---

[1] 赵宋光：《论美育的功能》，《美学》1981年第3期。

第三章　欣赏型德育模式操作的基本原理

一经改造，就会还伦理智慧形式的合规律性与合目的性相统一、向学习主体"许诺自由"的本质。通俗地说，我们完全可以像介绍"一道美丽的风景"那样呈现我们的德育内容。成功的德育课程内容至少应该呈示以下两个方面。

①道德文明的智慧美。这实际上是一种合乎人性的逻辑运动的科学美，是一种生动的"理性直观"（赵宋光语）。德育者所做的内容呈示，应当使学生能够通过学习内容充分观照到人作为道德主体的自由与优越：道德价值与规范其实是我们的文化智慧。

②道德人格的形式美。道德教育应通过美好人生、优雅人格的呈现，充分揭示道德价值与规范对于人类的发展和对于个体道德人格尊严建构的必要性（合目的性），让人格、人性的光辉照耀心灵，从而启发、满足和提升德育对象的道德精神需求，使道德价值与规范及其学习活动都成为改造自身、建设美好人格形象、成就幸福和诗意人生的惬意工具。

季羡林曾经特别赞赏以下这样一段话："富者有礼高质，贫者有礼免辱，父子有礼慈孝，兄弟有礼和睦，夫妻有礼情长,朋友有礼义笃,社会有礼祥和。"[1]我以为这段话主要体现了道德智慧和道德人格的美好、美丽!问题的关键在于我们如何让学生感受到"高质""免辱""慈孝""和睦""情长""义笃""祥和"的美好,并进而乐于选择过"有礼"的生活。

以下两则故事是道德智慧美和人格美统一的典型,道德的美丽十分动人。

一轮明月

一位在山中茅屋修行的老禅师月夜里散步归来,碰到一个小偷正从茅屋里往外走。他知道小偷在屋中找不到值钱的东西,便脱下身上的大衣披在惊魂未定的小偷身上,说:"你走老远的山路来探望我,总不能让你空手而归呀!"望着消失在夜色中的小偷的身影,禅师感慨地说:"可怜的人呀,但愿我能送一轮明月给他!"

第二天早上,禅师一睁开眼睛,便看见那件披在小偷身上的大衣叠得整整齐齐地放在门口。禅师高兴

---

[1] 季羡林:《季羡林谈人生》,当代中国出版社2006年版,第28页。

极了:"我终于送了他一轮明月!"[1]

用枪护着半壶水

在波涛汹涌的大海上,一艘轮船不幸失事,大副带着幸存的9名水手跳上了救生艇,在海面上漫无目标地漂流,20天过去了,大家依然看不到一丝获救的希望。大副守护着仅存的半壶水,不许那9个人碰它一下——有水就有活下去的希冀,没有了水,大家就再也难以撑下去了。大副是救生艇上唯一带枪的人,他用枪口对着那9个随时都有可能疯狂地冲上来抢水的水手,任凭他们对着自己咒骂咆哮。

在这9个人当中,最凶悍的是一个秃顶的家伙。他把双眼眯成一道缝,威胁地盯着大副,用他那沙哑的破嗓子奚落他道:"你为什么还不认输?你无法坚持下去了!"说着,他猛地蹿上来,伸手去抢壶。大副毫不客气地用枪对准了他的胸膛。秃顶叹了一口气,乖乖地坐下了。

---

[1] 成尚荣主编:《让儿童的道德生命自由生长:小学德育案例解读》,江苏教育出版社2001年版,第49—50页。

为了保护这半壶维系着生之希冀的淡水，大副已是两天两夜没有合眼了。他告诉自己一定要顶住，否则，秃顶他们会用鲁莽的行动亲手把所有落难者推进死亡的深渊。然而，干渴和困倦折磨得他再也撑不下去了，他握枪的手一点点软下去，软下去……惶急中，他居然把枪塞给了离他最近的秃顶，断断续续地说："请你……接替我。"然后就脸朝下跌进了船舱。

10多个小时过去了，黎明时分，大副醒了过来，他听到耳畔有个沙哑的声音说："来，喝口水。"

——是秃顶！

秃顶一只手拿着淡水壶，另一只手稳稳地握住枪对着其余8个越发疯狂的水手。看到大副满脸疑惑，秃顶略显局促地说："你说过，让我接替你，对吗？当你是领班，是指挥，你就要对其他人负责，你看问题就不能太简单——是这样吧？"

一轮朝日送来了一艘救援的船。令救援者万分震惊的是，虽然这10个人干渴得口唇上裂着血口，但他们的那只淡水壶里仍然存留着一些水……[1]

---

[1] 张丽钧：《用枪护着半壶水》，《青年文摘》2000年第5期。

第三章 欣赏型德育模式操作的基本原理

"德福一致"原则在立美德育中可以这样解释:道德规范(规律性或客观性)中实际存在着幸福人生的实现之路(目的性),"德"的形式中其实包含着充分的"福"的源泉。因此,要求实现个体真正幸福的人生,德育对象应视道德原则为必然和最佳选择的工具。立美德育的首要任务就是创立适当的内容呈示形式,实现与美的形式的同构同形,以便德育对象通过这一形式观照这种"德福一致"的可能性,实现精神享用,从而从根本上激发学习动机。一句话:道德学习应当成为道德的欣赏。

其次,德育活动形式的立美追求:"施展自由"。

德育活动的中介结构形式既表现为上述外化的方面(课程内容的呈示形式),又表现为对于这一外化方面的操作——德育实践活动本身。从一定意义上看,德育内容原本是静态呈示的,而停留在静态呈示阶段就只能有自然的道德影响而不会有真正自觉的德育活动。因此,德育过程的真正实现不只是有赖于教师将课程内容化静为动作用于德育对象,还在于德育对象自身将课程内容作为操作和运用的对象,征服学习内容"顽强的疏远性",从而完成道德内容的主动内化和吸收。德育活动形式的立美追求应在于创造"让实践在现实面前施展自由,人们可以在从主动活动到实现目的的推移运动中看到运用规律的理性"[1]这样一种教学活动方式。在目前德育理论和实践中，人们较多地关注了教师活动的美的形式的构造，即所谓的"教学艺术"。人们也常常谈到学习艺术和"学习的审美化"等。那么就道德教育而言，教的形式、学的形式应如何走向立美范式呢？

在德育实践活动的立美化方面，人们较常讨论的问题有：①教师语言艺术（包含体态语言），如抑扬顿挫的语调、恰到好处的语速等；②课堂或课外活动的结构安排，授课的节奏、虚与实，课堂气氛的审美化等；③现代传媒和其他教学手段的恰当运用，以创造"彩色信息传输通道"等；④教学活动的环境美化，包括教室、校园等的美化建设，以实现使学校的"墙壁也说话"[2]的目标；⑤课堂教学的其他艺术追求，如板书艺术等；⑥艺术的形式直接利用，如将Flash动画、电影、电视、文学作品引入德育过程；如此等等。

应该说，欣赏型德育模式当然也应努力追求以上类型

---

[1] 赵宋光：《论美育的功能》，《美学》1981年第3期。
[2] 苏霍姆林斯基语，转引自王天一、夏之莲、朱美玉编著：《外国教育史》，北京师范大学出版社1985年版，第455页。

第三章 欣赏型德育模式操作的基本原理

的教育形式美。但是，上述这些艺术化手段都仅仅具备立美德育的一些外在的可能性。因为，这些艺术手段如果不能够实现教学双方"施展自由"的目标，形式上的"美"就会在顷刻间化作突出的"丑"，德育观摩课中常犯的"表演化"的错误根由即在这里。所以，需要特别加以说明的是，德育活动的形式美最广阔的范围是常态德育活动，而非偶然和附加的艺术手段的运用。德育美学、"德育艺术"之类的概念往往使人仅仅联想到了德育活动中艺术手段的运用和德育活动形式艺术化等。其实这一看法是十分片面的。德育美除了包含艺术美的成分，更多、更原本的形态应是一种现实美——类似于庖丁解牛那种形态活动的形式美。所有合乎德育规律成功地使教师施展自由的同时又使道德学习主体施展自由的德育活动，就其形式来看，都是自由、优雅的，从而符合美的规律。从一定意义上说，德育美学观、欣赏型德育模式所倡导的主要应是常态德育活动的立美创造——所有能够展现教育主体教育自由、智慧、优美的教育活动形式。

所以，德育活动形式的立美追求当然应该包括德育内容呈示形式的技术美。但这种技术美并不独指现代教学手段和技术的恰当运用，从更原本意义上说，课程内容呈示之技术美指的是德育者向其对象所做的合乎德育规律并同时展现教育主体自由的呈示形式,即德育目标的顺利实现充分体现出德育主体自由的教育形式。所以,只要符合这一特征,即使是最原始、最一般的教育活动形式,也会具有这种技术美的特征。

此外,在德育情境中道德学习的立美追求问题也常常表现为学习过程的审美化和所谓"学习艺术"问题。其实,学习的"艺术"与"教学艺术"一样也只是立美学习的一种可能性,对一个特定个体来说是艺术的东西,对另一个则未必。其内在的根据也在于给予前者施展自由机会的形式往往令后者"施展自由"的追求窒息。有人曾比较过艺术审美和学习审美的不同:"如果说艺术审美的特点在于静观享受,学习审美的特点则在于建构生产,后者标志着人把美作为一种实践力量加以运用,按照美的规律来自我塑造的自觉要求。"[1]赵宋光也认为,成功的学习活动在于"把客观的知识按其固有规律组织在主体的目的性活动之中……进行这些练习,就是为现实对象的规律性存在建立

---

[1] 陈建翔:《学习审美论——兼论减轻学习负担的内在可能性》,《教育研究》1994年第2期。

第三章 欣赏型德育模式操作的基本原理

起合乎目的的形式"[1]。道德学习的方式往往表现为"活动",只有当活动在实现道德内容真正内化的目的性过程中,充分体现学习主体对学习规律以及对学习内容中特定道德规律的驾驭这一内容时,学习主体才是真正地施展了自由的。所以,立美学习的最后根据并不在于学习艺术化的外观,而在于这些学习活动外观形式能实现和展示学习主体的自由。

综合地看,道德教育的教和学的具体艺术追求是完全必要的,但真正艺术性的活动形式或立美教学范式的追求的核心并不仅仅在于具体的艺术技艺,而在于这些技术形式要能反映出教学双方在道德文化的授受活动中运用教育规律的理性抉择和组合的主体自由,体现对道德规范顽强的疏远性的主体征服。所以,德育活动形式的立美追求的目标在于寻找或创造"施展自由"的中介结构形式。"施展自由"的标准既是抽象的,又是具体和普适的。孤立地看,艺术手段或具体的立美教学方法只不过是某种外在附加的东西,如果没有内核的标准,则这些附加物就会立即成为德育活动的另一种异己的力量。

---

[1] 赵宋光:《论美育的功能》,《美学》1981年第3期。

3.德育形式美的欣赏及其重要意义

欣赏型德育模式所言的重要欣赏对象之一就是德育的形式美。如果说德育活动的立美追求之一是创造一种向道德教与学主体"许诺自由"和"施展自由"的中介结构形式的话,那么这一过程中同时进行的活动之一就还应有教学双方作为道德教授和学习主体对于自身活动形式的欣赏。立美德育的结果是双重的,一是道德学习主体生成中的作品美(学生道德成长之美)、师表美,二是德育过程中教学双方共同创造的教学活动的中介结构的形式美。关于作品美、师表美的立美和审美的统一将在以后讨论,这里着重讨论德育活动形式美的审美观照。

德育活动形式美的观照意义(同时也是形式美创造的意义)在于以下三个方面。

第一,形式美是愉快德育实现的本质。

赵宋光说:"对于能够自觉主动立美的人,严密的逻辑和高尚的道德都会成为自然的结果,因为他为自己建立的本是自由地运用客观规律以保证实现社会目的的形式。"[1]席勒则说:"由审美状态到逻辑和道德状态(即由美到真理

---

[1] 赵宋光:《论美育的功能》,《美学》1981年第3期。

第三章 欣赏型德育模式操作的基本原理

和义务)与由自然状态到审美状态(即由单纯盲目的生命到形式)相比,其步骤要容易得多。"[1]德育过程之中立美主体即是审美主体。作为生产者,他在创造,在驾驭,在造福于社会,也在造福于自身。同时作为欣赏者,他不仅为直接创造成果(道德人格的生成)而且为这种活动形式的自由性质感到慰藉。无论道德教育的教授还是学习,过程本身的魅力都是构成教学双方内在和持久稳定动机的源泉。愉快教学如果不是虚假的就必然是内在的,亦即活动形式本身吸引双方乐教、乐学,即使在征服道德内容的顽强的疏远性的征途中付出的艰辛很多,主体也能因感受自己的本质力量而具有优越感、自由感和尊严感。因此,在立美德育过程中,德育工作者不仅要善于参与设计和创造德育活动的形式美,而且应时时凸显德育活动的形式美,唤醒德育对象的欣赏意识,使德育对象在对自身活动形式的审美观照中感受轻松,获得审美愉悦。

第二,形式美是德育教学风格和学习风格的强化物。

成功的德育主体应是具有自己的教学风格的主体,同理,成功的道德学习主体也应具有自己的学习风格。但教

---

[1] [德] 席勒:《美育书简》,徐恒醇译,中国文联出版公司 1984 年版,第 118 页。

学风格和学习风格的形成要经历漫长的过程。形式美的欣赏可能会对风格的强化产生作用的原因有二。一是风格的表现之一在于活动形式,每一德育活动的教育双方都可能偶然形成教学活动的某种简约、经济,并且优雅、和谐的教与学的形式。这应视为教与学风格形式的母本和契机。二是当这一符合德育教与学规律的活动形式也与美的结构同形时,主体立美过程的形式与结果就会促成教学双方对活动形式美的欣赏,而形式欣赏会对活动自由形式重复实现即时的强化。这种强化延续下去的最终结果就可能是个体形成能够充分施展自由的活动形式的独特模式和个性——风格。因此,道德教育的教学风格和道德学习主体的学习风格追求与德育活动形式美的审美活动应当联系起来考察。

第三,形式美是克服德育异化的必由之路。

"美与异化的界限究竟何在呢?最后的界限就在,美的形式体现了对规律的自由运用,异化的形式则表现出对规律的无奈屈从。"[1]这一观点能够较好地解释许多德育工作者对某一成功德育模式刻板追求而导致失败的原因——

---

[1] 赵宋光:《论美育的功能》,《美学》1981年第3期。

第三章 欣赏型德育模式操作的基本原理

不是德育者掌握和自由运用、超越这一模式,而是模式在命令学习运用这一模式的德育主体。同时,这一观点也能够解释许多与德育主体的愿望适得其反的教育效果的成因。那就是"当教师致力于给学生建立合规律的形式时,学生所体验到的却是对规律的屈从"。这时"人们经常求助于说教,最简单的方法是宣传顺从性,较胜一筹则是说服学生相信,今天的受拘束可以换来长远的自由"[1]。德育活动的形式美的建构可以从根本上破除唯智型、唯行为训练型等旧式道德教育单纯而分裂的抽象说教、强制灌输、规范操练等对道德学习主体的奴役,还道德学习主体在德育情境中建构自身道德人格形象的主体自由。而当教学和学习主体反观这一建构活动情境的形式美时,就会产生一种对于异化形式扬弃的惊喜。愉悦或审美的获得又将反馈于进一步的道德学习与教学。现在应当大力提倡的事情之一是,让匆忙耕耘的德育工作者和德育对象不时地停止忙碌,用美的规律去审视一下自己的活动,然后通过审美观照强化、弱化或改造自己的活动形式,让美成为战胜异化的利剑。

对德育活动形式美的审美观照与立美创造所做的努力

---

[1] 赵宋光:《论美育的功能》,《美学》1981年第3期。

方向是相反的。立德育形式之美,是要通过合乎美的规律的教育活动形式去实现既定的德育目标,其核心在于既定德育目标的实现过程中德育活动的内容是第一位的,形式是第二位的;而德育形式美的审美活动则相反,这时完成德育任务的内容成分已经淡化,活动的形式方面凸显出来,成为审美观照的对象,形式是第一位的,内容是第二位的,故"审美实现的关键在于内容与形式的互换"[1]。简言之,对形式美的审美活动可以使德育活动的主体从立美德育活动中超脱出来,以自己的活动作为观照对象,从而促成更加完美的立美德育活动进一步延续。所以,立美德育在形式美建构方面的一条重要原则仍然是立美与审美的统一。

二、师生关系的审美化重建

欣赏型德育模式不仅要追求德育的形式美或者自由的形式,而且前述"合规律性和合目的性的统一"的要求也应当贯彻到教师与学生的相互观照之中。德育活动应当在师生审美性交往关系中得以完成。而师生审美性交往关系

---

[1] 参见拙文《教育学和美学交叉研究的三种水平——兼论"美学教育观"概念的建立》,《中国教育学刊》1995年第3期。

第三章 欣赏型德育模式操作的基本原理

最主要的内容,除了前面讨论的审美化的德育活动内容、形式,还可以表述为教师的"师表美"和学生道德发展的"作品美"的追求和相互欣赏。

(一) 师表美的追求

"师表"一词既可以是名词,也可以是动词。但配称师表的人或行动都有这样的特征:一是经师与人师的统一,二是精神内涵与外在形象的统一。师表乃是人师本质的外在表现。师表总有供人欣赏、效法的人格魅力。所以,仔细想来"师表"本来就是一个审美的范畴。要追求师表之美,不妨从讨论师表美的构成开始。从分析的角度来看,师表美包含"表美"、"道美"、整体(教育)"人格美"(或"风格美")三种成分。

1. 师表美的形态

何谓"表美"?表美即德育工作者的外在形象美。表美在师表美的成分中占有十分关键的地位。因为表美实际上是师表作用或教育活动最重要的中介。教师与学生之间德育影响与被影响的关系需要通过教师的一言一行去实现。所以,所有的教育家都高度重视教师的"表"。孔子言:"非礼勿视,非礼勿听,非礼勿言,非礼勿动。"马卡连柯则说:"从口袋里掏出揉皱了的脏手帕的教师,已经失去当教师的资格了。"故"高等师范学校应当用其他的方法来培养我们的教师……怎样提高声调、怎样笑和怎样看"[1]等细枝末节。

表美有两种形态:一是狭义的表美,指教师的讲台形象;二是广义的表美,指教师作为普通人的言谈举止所表现出来的人格形象。现代教学艺术及教师美学对教师的讲台形象塑造都有许多技艺上的贡献,德育工作者必须充分遵循。唯有一点必须特别提出的是,广义的表美对德育工作者而言更为重要。因为对教师所传授的某种道德价值或规范的接受,学生是会对教师"听其言而观其行"的。讲台形象再好,如果与日常生活形象相左,则教师人格形象就会在学生面前立行破碎,表美也会立即灰飞烟灭。此外,表美塑造还须注意其精神性和创造性特性。人并无完全脱离精神内涵的外在形象。果真如此则是一种伪善,只有"反德育"的功效。所以,表美必须与道美联系起来思考。所谓表美的创造性实质上有两条要求:第一,追求德育主体外在形象之美的人必须充分考虑自身的特殊性;第二,

---

[1] [苏]马卡连柯:《论共产主义教育》,刘长松、杨慕之译,人民教育出版社1954年版,第444页、405页。

第三章 欣赏型德育模式操作的基本原理

表美存在具有情境性。只要脱离了自身个性和环境要求，盲目的表美将由于主体的不自由（刻意追求，为"形象"所奴役）而失去表美成立的最大前提，因为表美的本质是主体自由本质的外显。德育工作者切不可在表美建设上东施效颦。

"道美"是指德育主体的内在（道德）精神之美。韩愈说过，"吾师道也"，"道之所存，师之所存也"，足见道之于师的本质联系。德育工作者要成为人类灵魂的工程师，自身的灵魂必然有与一般人不同的要求。

苏联美学家克留科夫斯基在《人是美的》一书中曾经将人的精神美做过一种范畴上的区分。他认为，人生活在世界上，有多种角色，应遵循多种道德规范。从宇宙到人类，从国家、民族到集体、家庭再到个体自身，均各有一套应遵循的道德规范和利益要求。当不同的道德要求发生矛盾时，有较高生活智慧的人往往能够取得各种规范之间的平衡，优游于各种不同的道德规范之中，过一种优雅的生活。这种精神人格叫作"优美"。优美人格需要主体的极大智慧与一定的外部条件。而当大的规范要求与小的规范要求发生冲突时，比如国家要求"尽忠"和家庭要求"尽孝"发生冲突，不同的人格会有不同的表现。一种人在

"忠孝不能两全"的情况下采取先"大家"后"小家"的行为模式，表现出人格上的"崇高"。这种人格如果走向极端，完全不顾亲情做无价值的牺牲，就会形成"悲剧"人格。另一种人将小家的利益摆在大家之上，但又不违背一个公民对于国家的基本道德义务，这种人格可称之为"喜剧"或"滑稽"的人格。完全只考虑小的利害而不顾大义的人格则属于"卑劣"和"丑"。

那么德育工作者应该具备什么样的人格特征呢？我认为，道美主要指其中的优美和崇高。优美可展示道德智慧及人生的美好、意义等，鼓励学生追求人生之美、人格之美；崇高也会给人以净化、给人以力量，从而吸引学生为道德真理和正义事业而献身。但悲剧会因为太多的牺牲而"吓跑"学生；而精神上的喜剧人格往往使人居高临下地欣赏，换言之，学生并不尊重这样的人格，其教育意义也就有限。至于卑劣和丑，只有反面教员的德育意义。因此，德育工作者要追求道美就是要走向崇高和优美两类精神人格。

正如表美离不开道美一样，道美当然也离不开表美，不然则"皮之不存，毛将焉附"？故分析时可作表美、道美的区别，但实际生活中只有两者的统一。当然，表美与道

第三章　欣赏型德育模式操作的基本原理

美的统一在不同的德育工作者身上的表现形态或者"格式"是不同的，这种不同形成了德育工作者的整体德育人格或风格类型上的差异。

当"道美＝表美"时，道美与表美的适度平衡可以使德育主体的内在精神自然流泻或展示在学生面前，这种德育主体的风格我们可以称之为"优美"。而当"道美＞表美"，其人格力量的厚重未能充分展现时，其风格为"崇高"。当道美完全找不到外在表现的渠道时，德育主体即无法实现其陶冶或影响别人的德育目的，这种风格可称之为"悲剧"——因为这种对普通人来说无可非议的特征，对教育者来说却是一大缺陷，犹如数学家陈景润教不好中学数学一样。与之相反，当"道美＜表美"时，人物形象相对夸张地表现其道德内涵，在教学上可能形成"喜剧"或幽默、滑稽的风格。当然，完全徒有其表的道德人格形象只是一种伪善，也属于教育丑或卑劣的范畴。因此，就整体德育风格而论，德育主体教师应当追求优美、崇高和喜剧三种风格。这里需要对喜剧风格的认可稍加说明：所谓"喜剧"风格，指的是教学或教育的风格而非精神人格，更明确地说是指其表现手法上的特征而不像道美范畴中指的人品的高下。而在教学活动中，一定的夸张和其他喜剧特征常常是有效的、允许的。

由上可知,追求师表美,可以从表美、道美和教育风格美(狭义的"师表美")三方面予以雕琢。有人提出,一个理智的社会既不应是"学而优则仕"的社会,也不应是"学而优则商"的社会,而应是提倡"学而优则教"的社会。"学而优则教"的理想应该从两个方面予以实践:一是真正提高教师的地位,从而建立学而优则教的现实基础;二是要求已从教者努力走向"学而优"的标准。对于德育工作而言,"学而优"的最高境界应该是对师表美的追求。

2.师表美的意义

师表美的德育与教育意义是毋庸置疑的。

在中国古代,"师表"一词具有十足的政治内涵。人师往往是"君师""官师"合体的。故《荀子》说:"四海之内若一家,通达之属莫不从服,夫是之谓人师。"《学记》则云:"能为师,然后能为长;能为长,然后能为君。"故师表说一方面要求君主、官员能够施行仁政、为人模范;另一方面又倡导社会分层上的"学而优则仕",政治教化重于纯粹的教育意味。这样一来,古代中国的人师、师表概念往往更多的是对政治家的要求,因故不能在仕道上顺畅而成为人师者,举凡孔孟、程朱实属少数,而学馆的寒儒

第三章 欣赏型德育模式操作的基本原理

往往多为经师、业师辈矣。要求官员能为人师并非没有积极的教育意义,现代德育社会学所要求建立的优化的教育环境中就应有对政治家的德行学识尤其是道德人格上垂范于社会的要求。然而,这毕竟属于学校教育系统之外的德育环境建设问题,因此,借鉴师表概念要求学校教育系统内的教师、德育工作者成为师表则应是今天我们重新研究师表说的重心。

当然,即使在今天,学校的老师成为师表的教育意义并不止于学校教育。有文献记述,北京门头沟区西辛房小学赵家洼分校的吉绍甫老师在赵家洼这个穷僻的山村一待就是38年。村里人都称他为"老师"而非"吉老师",因为38年来村里只有他一位老师。吉老师的道德人格受全村人爱戴,以至于村里开会有时喊不齐人,村干部就说:"老师叫你们开会去!"奇怪的是,只这一句话,不大会工夫全村该来开会的人准会齐刷刷地全到。[1] 这是一个典型的师表社会教育作用的说明。吉老师没有村干部的行政权威,却具有比行政权威更大的召唤力,显然证明了师表的魅力之大!从科学的角度看,吉老师的教育能力很强;从伦理

---

[1] 参见杨明森:《教师美学》,职工教育出版社1989年版,第244页。

学的角度看，吉老师的品德威望崇高；而从美学的角度看，则吉老师的威望、魅力实在是一种人格美（师表美）的闪光。师表形象或师表美的塑造的重要性主要存在于教育系统之中。

就德育的角度看，师表之美的价值有三。

①充分发挥德育主体的德育潜能。教师或德育工作者"不是使用物质工具去作用于劳动对象，而主要是用自己的思想、学识和言行，以自身道德的、人格的、形象的力量，通过示范的方式直接影响着劳动对象"[1]。这是教师劳动的特点。即使是要当好一个"经师"，将道德教育课程中的知识性内容传授给学生，也须追求一个讲台形象。因为如果完全走反师表美的道路，其效果当然也就只能是反德育的。至于有自觉追求成为人师的德育工作者则更应注意道德生活"知易行难"的特点，严于律己，使自身的道德人格朝师表美的标准靠拢。这样就可以使可能潜伏在"经师"身上的"人师"性质大放光彩，原本潜在的德育辐射力就会自然凸显出来，"无教之教""无言之教"就会成为现实。

②充分促成学生的榜样学习。榜样学习已成为社会学

---

[1] 周浩波、迟艳杰：《教学哲学》，辽宁教育出版社1993年版，第184—185页。

第三章 欣赏型德育模式操作的基本原理

习理论的核心概念。的确,就道德教育和学习而言,道德发展的阶段性质不能否定道德学习个体的整体性和复杂性;与培养道德判断、推理能力相比,道德学习主体与道德环境及道德行为的结果的交互作用对形成道德观念和道德情操具有更为实质性的影响。对学生而言,教师和成人是具体的道德概念的化身,教师的一言一行不论有无进行德育的自觉都会成为德育的显性或隐性课程。这就是孔夫子所言的"其身正,不令而行;其身不正,虽令不行"。故确立师表之美实际上是建构学生道德学习的内容或榜样,德育的榜样学习性需要立师表之美。

③提升道德教育的效能。师表美具有魅力的源泉之一当是师表形象的情感性。社会心理学已经证实,人们很可能单纯地将其对一事物的积极情感转移到与该事物相联系的另一事物中去(情感转移理论)。"爱屋及乌"即反映这样一个心理实事。立师表之美就是要让教师成为学生积极情感指向的对象,即使当他面临较为复杂的道德情境时,也能按照老师提出的要求或以老师为榜样去践行道德规范。此外,在道德冲突发生时,如当教师的观点同学生的原有立场不一致时,与德育目标相一致的态度改变只能发生在师表在学生认知和情感上具有足够能量(吸引力)的时候;

否则学生就会固守己见(一致性理论)。因此,重要的因素之一在于教师能否成为一个崇高的不容否定的审美存在。[1]鲁迅先生曾在《朝花夕拾·藤野先生》中这样写道:"每当夜间疲倦,正想偷懒时,仰面在灯光中瞥见他黑瘦的面貌,似乎正要说出抑扬顿挫的话来,便使我忽又良心发现……"所以,师表之美乃是学生道德学习的动机的动力源和放大器。因此,提高德育实现效能的出路之一在于师表美的建设。

对于欣赏型德育模式的建构而言,师表美的建设作用更是十分关键。因为欣赏型德育模式所言的重要欣赏对象之一当然也包括德育过程中的师表美,师表美的建设是我们追求德育活动在师生审美性交往关系中完成、实现师生关系的审美化改造的一个重要前提。

(二)德育作品美的追求

1.何谓德育作品美

所谓德育作品美,就是德育对象的道德品质及其成长的势态之美。

---

[1] 以上论证作者曾有专文《态度改变理论和德育的审美选择》,见《高等师范教育研究》1994年第6期,《复印报刊资料·教育学》1995年第4期转载。

第三章　欣赏型德育模式操作的基本原理

从美学的角度看，德育对象即德育活动的作品。在德育活动中，教师将道德文化传授给学生，诱发学生个体道德的潜能，最终会形成德育对象的一定道德品质和道德修养能力等。一方面，教师的德育活动作为一种对象化的活动，其较高境界应是自身自由本质的一种展现，因而学生的道德品质及其成长的势态可以成为其立美创造和审美观照的对象。德育对象首先可以成为德育者的"作品"，其中蕴含的对于人类本质力量的肯定，即形成所谓"作品美"。另一方面，德育"作品"本身亦是主体，这是教育和德育作品不同于一般艺术品的根本。德育对象品德之美的形成过程既是教的过程，也是学的过程。作品美既是教师立美创造和审美欣赏的对象，也是德育对象不断对自身进行道德完善的结果。作品美既反映教师的本质力量，也反映作为学习和成长主体的德育对象的本质力量。故德育活动作品美的创造和欣赏的主体都应是师生双方，作品美则是指师生共同创造的德育对象的德美及道德成长之美。

德育作品美的确立有两点重要的逻辑价值。首先，教育和德育活动作为人类自身生产的一种返身实践活动，仍是一种"对象化"的活动，只不过这种对象化具有返身的性质，是按照美的规律塑造主体自身。过去我们谈教育和德育，较多地谈及这一系统与社会、个体发展需要之间的关系（善的标准），较多地谈按照教育规律和教育对象身心发展的实际（真的标准）进行教育和德育活动。我们较少意识到，这一活动即使是在塑造新人格，也应按照美的规律去进行，因此，必须为教育和德育活动确立美的标准，使这一对象化的过程从与物质生产的类比走向立美创造的追求，其直接目标即创造美的作品。就德育而言，立美教育即创作德育对象的作品美。其次，美的标准不仅是教育、德育活动的标准，也是构成教育、德育对象的标准。立美教育首先是指德育活动形式立美创造或追求，但活动形式美本身不是目标，最终目标应是教育作品的完成。因此，立美德育的本质目标在于立德育对象之德美（含其成长的势态之美）。立美德育的本质在于立德育作品之美。由于这样两点原因，德育作品美就当然地成为立美德育理论的逻辑起点，以及理论和实践的目标和归宿。

2. 德育作品美的存在

由于德育作品美本身及其创造的特点不同于一般的美的作品，德育作品美的存在也呈现出较为复杂的形式。德育对象既可以是个体，又可以是群体（集体）；德育对象既可以是一种成果（成品态），又可以是一种情态（动态和成

第三章 欣赏型德育模式操作的基本原理

长的势态)。依据德育对象的这些特点,作品美亦有个体与集体、成品与情态等不同的表现形式。

其一,个体与集体的作品美。

苏霍姆林斯基曾指出:"每一个孩子都是一个世界——完全特殊的、独一无二的世界。"[1]从这一观点出发,德育工作者必须尊重学生的个性。教师常常将儿童比喻为祖国的"花朵"。然而世界上既没有完全相同的两片树叶,也没有完全相同的两朵花。这就要求园丁面对花朵时,无论是进行观赏还是进行培植,都必须注意每一朵花的独特性。反过来,每一个德育对象已形成的品德素养和成长的风格都是独一无二的,德育对象的作品美首先是这样一些独一无二的个体存在。对于德育工作者而言,我们最终是要生成一件件的作品,当我们强调因材施教时,更多的是说我们要将德育对象作为一个个特殊的作品去观照、去创作。学会对单件作品进行独一无二和不可重复的观照与创造是我们研究德育对象个体作品美的重要意义所在。孔子是进行个体作品美观照和创作的行家里手,三千弟子、七十二贤人的造就无不是根据教育对象的个性去进行的,《论语》

---

[1] [苏]苏霍姆林斯基:《教育的艺术》,肖勇译,湖南教育出版社1983年版,第5页。

中精彩之处比比皆是。比如,他欣赏子路的果敢决断,子贡的通情达理,冉求的多才多艺,就是对每一件作品做过个别观照的结果。由这种个别观照出发,孔子特别注意德育对象作品美的个别塑造。同样是问孝,孔子对孟懿子说"无违",对孟武伯说"父母唯其疾之忧",对子游则云"犬马,皆能有养。不敬,何以别乎",对子夏则说"色难",等等(其中之所以要求孟武伯"唯其疾之忧",是因为这位阔少爷不太关心父母的冷暖疾痛;而子游能关心父母的冷暖疾痛,故提出要加强对父母的恭敬)。其他还有问仁、问政等相同的例证。与此相反,中国德育现实中将学生品德及其成长的个性之美视为纯粹的丑恶必去之而后快的人尚不是少数。

"集体美"因马卡连柯、苏霍姆林斯基等卓有成效的集体教育实践而成为德育工作者关注的一个重要概念。马卡连柯曾经描述过这样的场景:在远足的征途上,乐队总是走在队伍的前面,穿着特别讲究的服装,演奏着捷尔任斯基进行曲;在火车站,当一群流浪儿紧裹着大襟外衣,赤脚迈着小步子匆匆走到广场上的时候,乐队便立刻奏乐,

第三章 欣赏型德育模式操作的基本原理

表示欢迎……[1]在这一例子中,正是公社集体的美吸引了流浪儿,成为马卡连柯和苏霍姆林斯基能够成功地对流浪儿等不良少年和正常儿童进行集体教育的根本原因之一。在这样的集体之中,连惩罚都具有肯定德育对象的审美意义。如在捷尔仕斯基公社中,最严厉的惩罚方式是"禁闭",但禁闭只对"社员"而不对尚未成为集体中一员的"学生"使用。这就意味着要求与尊重成正比,禁闭本身是要求和尊重的更高体现。可以想象,一个接受这样禁闭的社员,完全不可能有一般德育过程中的处罚带给学生的屈辱感。这时他只能意识到,作为集体一员他应该完成的角色使命及这一使命的崇高。在这样的集体中,除了每一个体都具有单件作品的个性之美,还有一种群雕式的组合之美存在。个体之美组成集体之美,而集体之美本身又成为个体之美的强化物。

当教师面对个别的德育对象时可以看到这样的一些景象:有的德育对象敏于行而讷于言,道德成长有谦谦君子之风;有的德育对象具有强烈和外化的上进意识,疾恶如仇、爱憎分明的人格特征……有多少位德育对象就可能有

---

[1] 转引自刘凤梧:《马卡连柯的"集体美学"教育思想——试谈在中小学中进行美育的几种途径》,《教育研究》1982年第10期。

多少种个体作品之美。而当教师面对作为集体形式存在的德育对象时,学生集体在其一致目标凝聚下团结、紧张、严肃、活泼的整体道德成长势态,以及道德追求上奋发向上的主旋律、道德行动上的步调一致、人际关系上的和谐等都是德育美的闪光,也是集体美的闪光。苏霍姆林斯基曾这样感叹:"集体的温柔和善良的情感,集体的关切——这是一种多么巨大的力量啊!它就像一股汹涌的急流,撼动着感情最冷漠的学生。"[1]"少先队员的浪漫主义精神的实质,就在于具体体现和确认人的内在的精神力量:一个人能够在自己集体所创造的成果中,看到自己本身的美,看到自己同志的美,看到自己集体的美。"[2]

其二,成品与情态的作品美。

成品与情态的区别在于,前者是指德育对象德美的静在,后者则指德育作品美的动态形式。孔子赞扬学生颜渊说:"贤哉!回也。一箪食,一瓢饮,在陋巷。人不堪其忧,回也不改其乐。"颜回的心思全在学道、守道上,故生活上的贫困清苦丝毫无碍于其追求崇高理想的乐趣,这与

---

[1] [苏]苏霍姆林斯基:《我把心献给孩子》,转引自叶学良:《教育美学》,四川人民出版社1989年版,第217页。
[2] [苏]苏霍姆林斯基:《让少年一代健康成长》,黄之瑞等译,教育科学出版社1984年版,第238页。

第三章　欣赏型德育模式操作的基本原理

孔子所主张的"饭疏食，饮水，曲肱而枕之，乐亦在其中矣。不义而富且贵，于我如浮云"的精神人格完全一致。故"颜渊死，子哭之恸"，大呼："天丧予！天丧予！"颜渊安贫乐道的德性之美不独为孔子，而且两千余年以来为中国人所一致推崇。这一道德人格之美既是作为教师的孔子，也是作为道德学习主体的颜渊所创造的"作品"，这一作品所蕴含的人格美常常表现为一种境界、一种静在的品质，故称其为"成品"之美。

然而任何道德教育作品既是成品又须不断生成，无论德育还是修身养性，都表现为一种过程。故一方面有某一阶段德育对象身上所出现的道德进步的积淀（品行）存在；另一方面又有德育对象对于道德人生追求的嗷嗷待哺、积极向上的成长势态之美的存在，是所谓"情态美"。一位美国学者曾说过："生龙活虎的学生一个个在我眼前成长起来，这就是一个老师永不停息的创造性工作的结果。雕塑家虽然能将人物塑造得栩栩如生，但毕竟只不过是泥塑而已。而教师则能赋予这些泥塑以生命，还有什么比创造人类生命的工作更令人激动的呢！"[1] 这里说的"生龙活虎

---

[1][美]贝德勒：《我为什么选择教师职业》，《比较教育研究》1987年第3期。

的学生一个个在我眼前成长起来"所反映的即是一种"情态美"。苏联教育学家凯洛夫曾说:"教师站在人们未来专业的摇篮边,因为他应当是第一个能够看出和发展学生能力的人,他应当首先在学生当中看得出什么人是未来的设计师、飞行家、农学家、工程师、医师、工农业劳动者或科学和文化的活动家。"[1]凯洛夫的这段话主要是就智育而言的,但德育工作者亦只有瞩望到德育对象的未来人格形象时,才能对德育对象的道德成长的势态做出积极肯定的审美评价。教师和教育对象只有在对情态美的审美观照中才能前瞻德育作品美的未来形态,道德教育中教学双方的活动才可能在欢欣鼓舞中使目标明确地落实。

需要说明的是,因为道德教育作品美之个体和集体、成品与情态的划分是从不同角度进行的,因而是交叉和同一的。成品和情态之美既可是道德学习中的个体的表现,也可以是道德成长中的集体的表现。同样,无论个体还是集体都有成品美和情态美的一面。比如当捷尔任斯基公社在乐队伴奏声中列队行进并吸引流浪儿时,公社集体的成品美和情态美是兼而有之的。正是这个集体的魅力(成品

---

[1] [苏]凯洛夫:《教育学》,陈侠等译,人民教育出版社1957年版,第71页。

第三章 欣赏型德育模式操作的基本原理

美)吸引着流浪儿,因而这将意味着一批新社员将加入公社的行列,集体将因此而继续成长(情态)……

3.德育作品美创造与欣赏的统一

第一,德育作品美的创造是欣赏的前提。

所谓德育作品美的创造与欣赏,是指作品美的立美与审美。在特定领域以内,没有立美活动,没有美的创造,当然就无美可审,谈不上美的欣赏。这是一般的结论。除了这种逻辑上的前提,还有一个心理性前提必须予以说明,那就是在德育过程中,立美的努力越多,审美的心理前提就越充分。苏霍姆林斯基曾说过:"一个人只有在真正懂得并且从心底里意识到他为什么能得到幸福,只有在了解并体验到自己幸福的源泉的时候,他才能成为一个幸福的人。""一个十二岁的孩子看到用自己的双手培植的鲜花盛开的花园,他会感到无比的自豪;他会用他为人们创造了多少物质财富来衡量自己走过的道路。"[1] 在上述例子中,少年感到自豪在于鲜花盛开的花园是用他自己的双手培植的。设想:如果这个少年看到的只是别人种植的花园,这种对于自己的自豪感显然就会不复存在。德育过程中,德

---

[1] [苏]苏霍姆林斯基:《让少年一代健康成长》,黄之瑞等译,教育科学出版社1984年版,第220页、190页。

育作品美实际上是师生双方共同培植的"花园",德育者和德育对象越是按照美的规律倾注心血做出努力,则无论教师还是学生面对自己创作的作品就会越发自豪、越发珍惜。许多人一生都会记得某个指引自己做出正确价值选择的导师,也有许多教师会为自己某个学生的品行自豪一生。这种审美上的刻骨铭心如果没有师生双方对于德育作品美的直接和一致的创造努力,当然是不可能的。

第二,德育作品美的欣赏是创造的强化。

"我生活中什么是最重要的呢?我可以毫不犹疑地回答说:爱孩子。"[1]像这样的回答可以在许多优秀的教育家的言行中找到。其实,"爱孩子"是对教育和德育工作者的一个基本要求。然而"爱孩子"并不能只变成一个对德育工作者单方面的枯燥的师德要求。实际上真正"爱孩子"的实现和强化都在于教师有一个审美的心态,能看出孩子的"可爱"。德育工作者善于用审美的眼光去发现和审视德育作品美有利于新的学生观的产生。同时,在这一过程中,德育工作者观照了自己立美创造的自由本质,因此这一观照会强化他们进一步对德育对象实施立美创造的动机。

---

[1] [苏]苏霍姆林斯基:《把整个心灵献给孩子》,唐其慈等译,天津人民出版社1981年版,"前言"第1页。

第三章 欣赏型德育模式操作的基本原理

在德育对象身上观照作品美并因此而受到进一步立美德育的强化可以理解为学生客体对教师主体的一种"反作用"。这种反作用常常被忽视,因而教学双方往往因为单向流通而兴味索然。因此,马卡连柯说:"为什么我们在工科大学研究物质的反作用,而在师范大学开始教育人时,却不研究人的反作用?"[1]

德育作品不仅是教师的而且是学生自己的。故德育作品美的欣赏不仅会强化教师,而且会强化道德学习主体自身的立美创造冲动。南京师范大学吴也显教授在一次教学论演讲中指出,学生"乐学"问题的落实,需要处理学生的"愿学""学会""会学"之间的关系。"愿学"是"学会"和"会学"的前提,而"学会"和"会学"又是"愿学"的结果和强化。"乐学"就在三者之间的互动中。在德育过程中,学生对于道德原理与规范的学习,要成为一种自省的"乐学"模式,必须解决"愿学"的问题,而"愿学"的强化物之一乃是道德学习成就本身:"学会"和"会学"。德育对象不仅会因为自己参与"培植"而欣赏自己道德成长的"花园",而且"鲜花盛开"的道德自我形象也会

---

[1] 转引自〔苏〕契尔那葛卓娃、契尔那葛卓夫:《教师道德》,严缘华、盛宗范译,华东师范大学出版社1982年版,第75页。

鼓励道德学习主体进一步奋进。德育美学观所要倡导的正是——不仅包括教师,而且包括学生,不仅参与立美德育活动,而且善于对共同的作品进行审美观照。立美与审美的统一是使在美学精神指引下的德育活动具有解放师生双方特质的根本原因和途径。轻松愉快的教与学来源于德育过程中立美、审美及其统一的性质。

第三,德育作品美创造和欣赏的主客体关系的充分建立。

一般考虑德育过程立美和审美中的主客体关系比较简单,这就是双主体(教师、学生)和单客体(成长着的道德个体或学生自身)的关系。然而,现代学校德育活动和整个教育活动一样是在班级或学校、团队中展开的,因此,中间往往还可能有一个中项——集体。考虑到集体兼有主客体的性质,德育活动立美和审美过程中的主客体关系也变得复杂起来,至少有以下几种主要的主客体关系(主客体关系又可以是互逆的)。

①教师(主体)—集体及其包括的学生个体(客体);

②集体(主体)—学生个体(客体);

③学生个体(主体)—学生个体(客体);

④学生个体(主体)—自身形象(客体)。

第三章　欣赏型德育模式操作的基本原理

多重主客体关系的存在,意味着立美德育资源多渠道开发的可能性与必要性。教师如何像一个指挥家一样面对他的乐队——学生集体去进行针对每一个德育对象的立美教育,的确是一门需要智力投入的艺术。集体教育的大师马卡连柯在处理这一问题时提出的"平行教育影响"原则,是处理这一复杂主客体关系的典范。

何谓"平行教育影响"原则?

马卡连柯解释说:"我们认为整个集体就是我们教育的对象,我们应当把有组织的教育影响针对着集体。同时我们相信,对个人的最实际的工作方式,是把个人保留在集体内,并且是这样的一种保留,要使个人认为他留在集体里是按着自己的愿望,是自愿的;其次,要使集体也是自愿地容纳这些个人。集体是个人的教师。"[1]"在我们的实践里——在高尔基工学团和捷尔任斯基公社里……作为公社中心的我以及所有的公社机构……都尽力设法和个别的人不发生关系。这就是公式……我把这个逻辑叫做平行教育影响的逻

---

[1] [苏]马卡连柯:《论共产主义教育》,刘长松、杨慕之译,人民教育出版社1954年版,第58页。

辑……我们只和分队发生关系,我们和个人并不发生关系,正式的公式就是这样的。"[1] 因为"我们不愿意使每一个人感觉到自己是教育的对象"[2],只有通过基层集体"我们才能正式触及个人。这就是适当的方法,而事实上,我们也总是首先注意个别学生的"[3]。

在马卡连柯和苏霍姆林斯基的集体教育中,教师带领每一个学生创造自己的集体和集体所具有的道德之光,同时集体美也作为一种主体的力量作用于每一个学生客体。集体中学生对学生的帮助在"为了集体"的目标之下自然地进行,道德学习的个体在观照身在其中的这个集体的进步的同时也通过集体观照自身。所以"平行教育影响"实质上不仅意味着教师给予集体及其中每一个学生的影响等是平行的,而且意味着"教师—集体—学生个体"系统中的所有主体力量资源的全面调动。因此,当我们讲立美德

---

[1] [苏]马卡连柯:《论共产主义教育》,刘长松、杨慕之译,人民教育出版社1954年版,第292—293页。
[2] [苏]马卡连柯:《论共产主义教育》,刘长松、杨慕之译,人民教育出版社1954年版,第293页。
[3] [苏]马卡连柯:《论共产主义教育》,刘长松、杨慕之译,人民教育出版社1954年版,第297页。

第三章 欣赏型德育模式操作的基本原理

育的原则之一是师生双方立美和审美的统一时,实际上意味着以下四个方面。

①教师主体对于学生集体道德成长的立美促进和审美愉悦;

②集体对于学生个体道德成长的立美贡献和整个集体对于个别成员这种属于集体的道德成长的审美欣赏;

③学生个体之间的立美和审美关系及其对道德成长的互动;

④学生个体作为立美和审美的主体对自身已有的良好道德品质及其成长态势做审美观照,在自身形象的鉴赏中获得塑造自己未来更加美好的人格形象的内在和本质的动力,即学生自身成为一种宝贵的德育资源。

虽然德育作品美的立美和审美中主客体关系较为复杂,但是立美德育之立美和审美活动统一的原则只有一个——德育活动按照美的规律塑造合乎美的标准的道德人格,立美和审美的性质即德育活动解放人的性质。

以上是关于立美德育模式或者欣赏型德育模式的一些基本设想,即所谓的欣赏型德育模式操作的基本原理。关于这一模式,还需要加以特别说明的有三点。第一,立美德育就是给主体以自由的德育实践模式。我的观点是,既然美的精神是自由，立美德育模式也可以称为自由的德育模式——如果人们对美学意义上的"自由"不产生误解的话。第二，"审美德育"与"立美德育"是一体两面的关系。"审美德育"的前提是"立美德育"，但是"立美德育"同时也是"审美德育"，因此"立美德育"模式也就是欣赏型德育模式。我们在行文中常常交替使用"审美德育""立美德育""欣赏型德育模式"等概念也是基于这一原因。第三，建构欣赏型德育模式实际上就是努力追求德育的理想或最高境界。对欣赏型德育模式的理解应当与对德育的至境理解（见本书第二章）结合起来。但是我们认为，所有成功的德育实践，实际上都已不自觉地遵循了美的规律。我们提倡欣赏型德育模式的目的是将这一不自觉的行为方式加以整理、提升，使之成为自觉、有效的立美德育的现实。所以，"审美德育""立美德育"或欣赏型德育模式既是一种伟大的理想，也是一种经过努力可以实现的现实性德育形态。

第四章

欣赏型德育模式的实践探索

如前所述,德育模式是由某种内在关联的德育理论及其实践形式构成的。依据对于德育模式的要素分析,我们不仅要认真分析欣赏型德育模式应当涵盖的有特性的教育理念(或观念、境界、基本原理等),而且要讨论与之配套的实践形式(策略、程序和实践原则等)。但是,最大的困难在于教育活动,尤其是德育活动往往是一门"教无定法"的艺术,审美活动也具有强烈的主观性、多样性特征,我们显然无法建立那种工业化意义上的硬性标准或模式。

因此,欣赏型德育模式只能是依据德育美学观建立起来的一种在教育实践中进行德育审美化改造的基本思路和开放性的框架。而欣赏型德育模式在德育的具体实践中应处理的问题主要包括三大方面:第一,教学处理和活动设计;第二,新型师生关系的建立;第三,如何实现美育与德育的相互支撑与融合。通过数年试验、探索[1]，我们对上述问题已经积累了一些可供下一步研究的心得。

一、欣赏型德育模式的教学处理和活动设计

这里所谓欣赏型德育模式的教学处理和活动设计，主要包括教学处理和活动设计的目标设定、视角选择和技术处理三方面的内容。通过三年的实践与探索，我们已经有一些可能有用的建议。

1. 欣赏型德育的目标设定

在教学和活动之中，欣赏型德育模式的目标设定包括两个方面的问题：一是正确处理"可欣赏"与"会欣赏"的关系问题，二是直接和间接德育的教学和活动中如何处理好本体目标、德育目标、审美目标的关系问题。

所谓"可欣赏"与"会欣赏"的关系，天津师范大学

---

[1] 国家社会科学基金"十五"规划（教育类）国家重点课题"欣赏型德育模式的建构研究"研究的持续时间分为两个阶段。第一阶段为2001年至2005年。其间，参与试验研究的学校包括杭州市大关小学、天津师范大学第二附属小学、珠海市前山中学、珠海市湾仔中学、深圳市龙岗区实验学校、合肥实验学校。第二阶段为2006年至2010年，是课题研究结束后的延续研究。新增试验学校包括北京师范大学第二附属中学、北京市十一学校、北京汇文中学、北京市房山区城关小学、上海市枫泾中学、上海市七色花小学、天津市河西区天津小学、天津市河西区友谊路小学、武汉市常青第一中学、山西省实验小学等。

第四章　欣赏型德育模式的实践探索

第二附属小学"欣赏型德育教学模式建构研究"课题组在解释"欣赏性原则"时已有很好的表述。

　　欣赏性原则有两个要点，一是可欣赏，二是会欣赏。

　　①可欣赏。可欣赏，即有欣赏的对象，这需要教师利用多种教学手段及方式，创造、呈现出审美化的德育内容，引导学生对其进行欣赏，在欣赏中接受教师的价值引导，这也是欣赏型德育最基本的要求。……在品德与生活课"懂礼仪，有礼貌"的教学中，教师设计了生动的"文明城堡"的动画演示，伴随着优美的画面、动听的歌曲，每一个学生都获得了（对文明礼貌的）真实而美好的道德情感体验，在寓教于乐中自然地接受文明礼貌规范，实现教育效果的最优化。

　　②会欣赏。会欣赏则需要引导学生建立欣赏的视角和心态，使学生有欣赏的心理准备。……欣赏是对美的肯定和享用……欣赏型德育中的赏识主要是指教师引导学生赏识德育作品美、师表美，赏识"价值引导"过程的美，赏识德育中传递的道德智慧美，使学

生确立良好的心态和价值取向,在生生间、师生间信息传递和互动赏识过程中学会赏识,赏识自我、赏识他人、赏识自然、赏识生活。

……语文老师杨茹曾尝试了一种可以在常规教学中持续运用的、效果显著的赏识策略。在教学每篇课文的时候,杨茹老师在开课前五分钟总会有一个"课堂因我而精彩"的演讲活动。这个素材来源于学生的自主选择,通过学生的演讲唤起同学们的审美注意,达到"自我—你我—我他"间的观照与欣赏。"只要能勇敢地走上前来展示自我,所有人就会欣赏你的这份勇气,给你一张笑脸。"这是杨老师常对同学们讲的一句话。类似这样的话语,对学生语文素养的提高和道德认知的形成会起到"润物细无声"的作用。[1]

虽然以上论述在"欣赏"与"赏识"的概念使用上没有严格区分[2],但是欣赏型德育模式在教学处理和活动设

---

[1] 丁安廉、杨茹主编:《美丽的德育在课堂:小学阶段欣赏型德育教学模式研究》,安徽教育出版社2006年版,第16—18页,有改动。
[2] 在我看来,"欣赏"与"赏识"的主要区别应当是"欣赏"对对象的要求比一般意义上的"赏识"更高——"欣赏"的对象必须具有美的特征,而"赏识"的对象可以是美的,也可以不是。

第四章 欣赏型德育模式的实践探索

计时要突出考虑的问题显然是如何使教学或活动具有欣赏型德育模式的独特性。我们认为这一独特性的重要标志之一就是"欣赏"二字。欣赏既是教育或学习的工具、内容，也是过程和境界。具体说来，我们既要创造可以欣赏的对象、条件（解决"可欣赏"的问题），也要正确引导学生进行正确的欣赏（解决"会欣赏"的问题），将欣赏的对象指向道德智慧美、人格美和德育过程本身的教育美。不解决"可欣赏"的问题，欣赏型德育就没有前提；而不解决"会欣赏"的问题，德育过程就会偏离在"欣赏"中自由地接纳对象所表达的价值内涵的基本目标。《光明日报》曾经有报道说厦门的老师针对中小学生盲目追求名牌现象进行教育，使学生关注的重点从名牌产品质量等转移到名牌创立过程中所内含的奋斗精神等，有效提高了学生的价值水平和欣赏趣味。[1] 这一教育实践的成功，实际上也是不自觉地正确处理了"可欣赏"的问题，尤其是"会欣赏"的问题。

所以，"可欣赏"与"会欣赏"及其统一是欣赏型德育

---

[1] 参见马跃华、林嵩辉：《走出盲目追求名牌的泥潭，体味名牌创业的艰辛，厦门教育界人士呼吁——帮助学生树立正确的名牌观》，《光明日报》2006年2月21日第4版。

模式教学和活动设计开始的时候就应当考虑的基本要求。上述天津师范大学第二附属小学的两个案例初步解决了以上两个问题，合乎"可欣赏"与"会欣赏"的目标要求。当然，在试验过程中我们也曾经在"可欣赏"和"会欣赏"上走过弯路，德育过程表面上"热闹""美丽"，但是实际上，或者只有德育而没有美育，或者只有艺术、审美而没有德育，其结果是"美丽的德育"在实践过程中理念残缺，无以落实。

在直接和间接德育的教学和活动中如何处理好本体目标、德育目标、审美目标的关系问题，也是欣赏型德育模式的教学处理和活动设计时要十分小心处理的一个目标设定问题。

对于直接的德育教学和活动而言，我们主要应当考虑的是德育目标、审美目标的统一，达到"可欣赏"与"会欣赏"的统一，即选择适当的审美视角、创造适当的审美形式，使德育"美丽"起来，同时又加以适当的提示和引导，使学生的"欣赏"朝着"会欣赏"的方向发展，从而达到德育目标、审美目标的有机统一。比较难处理的欣赏型德育的目标设定主要表现在间接德育的教学和活动如何处理好本体目标、德育目标、审美目标的关系这一问题上。

第四章　欣赏型德育模式的实践探索

所谓本体目标，是指间接德育教学和活动安排时最直接的目标，比如语文课中的写作课的教学，其直接或者本体的教学目标就是特定写作方法的教学；学生的才艺展示活动（课外活动）的直接或者本体的教学目标就应当是学生才艺能力的展示与提高。对于间接德育来说，首要或者显性的教学任务是本体目标的完成。如果教学或者活动的本体目标不能够有效完成，欣赏型德育模式就失去了日常教育生活的实际意义，将会变成一个干扰日常教学、活动的负面影响因素，也就失去了间接德育应有的"润物细无声"的特质。

在充分考虑了间接德育本体目标之后，教学和活动的努力方向就应当是努力寻找该教学或活动的德育目标、审美目标，并且使之与本体目标结合起来，努力做到三者的有机统一。

珠海市前山中学的汤毅鸣老师在处理景物描写的写作教学时就是用引导学生寻找校园风景（如古树、老城墙），并且用摄像、配乐朗诵等与之相关的作文方式，有效实现了三大目标的统一。其中写景教学的本体教学目标得以生动、有效完成，同时，校园古树、老城墙所蕴含的历史、故事及其爱校、爱国的德育目标也顺利完成。由于选择了摄像、配乐朗诵等与之相关的艺术化表现方式,德育目标、本体目标的完成又完全是以审美或者"欣赏"的方式去完成的,很好地实现了本体目标、德育目标、审美目标的统一。[1]

21世纪之初,在中国启动的课程改革之中,"情感、态度、价值观"已经成为所有课程的教学目标要求。因此,如果在考虑到德育目标已经引起较广泛重视的情况下,欣赏型德育模式的教学处理和活动设计在目标设定时就应当考虑的重点:第一,如何找到与本体目标和德育目标相应的"审美目标";第二,如何使这三个目标实现自然、有机的统一,并且在突出本体目标完成的前提下考虑德育目标在"欣赏"中完成,如何做到"可欣赏"与"会欣赏"的统一。

在欣赏型德育模式的教学处理和活动设计的目标设定时,还有一个关键的观念性问题需要明确,那就是欣赏型德育模式的实施过程要正确处理德育活动的当下目标和长

---

[1] 参见梁允胜主编:《美丽的德育在课堂:中学阶段欣赏型德育教学模式研究》,安徽教育出版社2006年版,第134—136页、第203页。

第四章 欣赏型德育模式的实践探索

久目标之间的关系问题。德育活动的效果既有当下的,也有长远的,因此单个教育过程往往很难取得特别明显、全面、巩固的成效。这与特定德育活动的设计质量固然相关,但是更主要的因素可能是与德育任务完成的性质如长期性、曲折性、反复性、复杂性相关。"成长需要等待",特定的德育教学和活动只要能让学生在欣赏型德育过程中有所触动、感动、领悟即可,切忌一蹴而就的浮躁和功利心态。对于欣赏型德育模式来说,我们认为,德育的有效性评价的第一要义乃是学生能够"欣赏"我们的德育内容、方式和过程。简而言之,我们认为,"欣赏"是欣赏型德育的第一评价标准!

2.欣赏型德育的视角选择

所谓"视角选择",其实就是适当的欣赏角度选择和审美形式选择问题。

欣赏型德育模式的实现,最为关键的问题之一是"欣赏"角度的选择——这一角度必须既是审美的,又是德育的,需要同时而且自然地符合这两个标准。"欣赏"角度的选择实际上是一个帮助学生实现德育美欣赏的过程。在实际的德育教学或者活动中,存在两个形态的"欣赏"角度选择问题:其一是提示,其二是创设。

在欣赏型德育的教学和活动中，适当的教育提示是十分重要的。实际上教师就是"导游"，导游的水平直接影响道德风景观赏者的欣赏质量和品位。以前述珠海市前山中学汤毅鸣老师的景物描写写作教学为例，如果学生只是从校园中存在的老城墙的自然美视角去拍摄短片，也有热爱学校、乡土、国家的教育意义。但是老师提示学生在城墙的"老"字上下功夫的时候，不起眼的老城墙就成为有丰富价值内涵的历史见证。在这种情况下，学生欣赏的视角已经发生了实质性的改变——它已经是欣赏型德育模式而不是欣赏型美育模式！再如杨茹老师在课前五分钟"课堂因我而精彩"演讲活动中常对同学们讲的那句话："只要能勇敢地走上前来展示自我，所有人就会欣赏你的这份勇气，给你一张笑脸。"也具有重要的提示作用——既提示"欣赏"，又提示欣赏的对象——"勇气"，形式也是美丽的——"给你一张笑脸"！

提示的前提是审美性或者"可欣赏性"因素已经存在，教师只要在方向或者视角上适当提醒学生就可以了。但是在很多德育活动和教学中，审美的因素并非天然存在，因此除了提示，更高的要求是创设（或者安排、设计）审美化的情境。尽管这也是一个视角安排的问题，但是比简单的视角安排需要更多的创造。以下是另一个典型案例。

小博士考察团活动

本次活动,教师选择了学生比较神往的组织形式——小博士考察团,以及学生乐于接受的活动形式——考察访问。活动开始前,教师在课题组内外做了大量的设计、动员工作。

开始阶段,实验组选择年轻、有活力的教师作为学生考察的"博士导师",在组织学生考察的同时对学生予以指导。实验班——二(2)班和四(2)班的学生则自由组合形成七个不同考察对象(如名人名家、风景名胜、市政建设、民歌、土特产等)的小组(合称"小博士考察团")。在考察过程中,小组内部和各小组间的同学们相互商量、合作,充分发挥主动性,运用各种资源,形成了丰富的考察活动形式。在教师指导下,学生进行的不是单纯的考察,还要明白为什么要了解这些考察对象,要挖掘隐藏在这些美好事物背后的人文精神。比如,在考察名人名家时,学生怀着崇敬的情感执着地学习,开始了初步思考人生的过程。歌曲考察小组的成员面对困难不气馁,从成功中欣赏到了自己努力的成绩。新气象调查小组的成员不但自己调查，还主动与他人分享自己的成果，还有的学生在考察的过程中产生了成功的体验……最后阶段是考察结果的汇报。汇报由五个部分组成，包括学生自编自演的歌舞说唱小节目，精美的考察小册子，调动家长、学生、教师撰写反映学生成长变化的艺术性文字，以及为小博士颁发"合作奖""宽容奖"等颁奖仪式。此次活动取得了比较理想的效果。[1]

上述案例的突出创意在于面对容易一般化的爱家乡、爱祖国教育，实验者寻找到了一个合适的、能够方便学生进行德育内容的"审美观照"的角度，让学生自己充分感受到了家乡"可欣赏性"的一面，将学生积极情感的形成作为突破点，对道德教育内容的考察活动进行了审美化改造，使学生接受了十分主动、生动的德育。通过"博士导师"的设计，"小博士"们在欣赏和领略杭州的自然美、社会美、人文美中有效实现了道德情感的升华、道德人格的成长。学生们不仅收获了与考察对象本身有关的常识，而

---

[1] 朱玉林、林文伟主编：《在欣赏和美丽中成长：欣赏型德育的艺术性手段模式研究》，安徽教育出版社2006年版，第25页，有改动。

第四章 欣赏型德育模式的实践探索

且在活动中产生了热爱家乡的情感体验，在小组活动中也逐渐体会、学习到宽容、爱心、与人合作、为他人着想等重要品德的价值。虽然这一活动的成功有很多因素，但是创设"审美观照"的角度与情境无疑是其中最关键的因素。类似的案例还有珠海市湾仔中学的"在地图上旅行"，湾仔中学的案例不仅引导中学生爱家乡，而且通过对家乡之美的呈现成功推动了学生们自信心的确立和真挚友谊的形成。

提示需要发现道德美、德育美存在的慧眼，创设则需要依据欣赏型德育的基本理念进行有创意的探索和安排。因此，在欣赏角度的选择上，无论是提示，还是创设，都特别需要实际教育工作者有智慧上的能动性。

在适当的欣赏角度选择完成之后，恰当的审美（教育）形式的选择对于欣赏型德育模式也是十分重要和关键的一个问题。在"小博士考察团"活动中，我们不难看出，与欣赏角度选择相匹配的是适当审美形式的选择。在活动过程中，老师们不仅选择了学生比较神往的组织形式——小博士考察团，以及学生乐于接受的活动形式——考察访问，而且在活动的最后阶段，即考察结果的汇报，安排了学生自编自演的歌舞说唱小节目，编写精美的考察小册子，调动家长、学生、教师撰写反映学生成长变化的艺术性文字，以及为小博士颁发"合作奖""宽容奖"等。这种审美形式的选择既考虑了小学生的特点、艺术特长学校的实际，又调动了家长、学生、教师的积极性，十分难能可贵。

德育审美形式的选择无疑是欣赏型德育模式形成的一个重要因素。但需要说明的是，德育工作者需要注意两个方面的问题：第一，德育审美形式不等同于"艺术形式"，前者要比后者宽泛、日常很多；第二，德育审美形式的选择必须考虑教育对象的需求与特点、学校的特长和实际。这是因为，过于窄化的审美选择令人遗憾，过于浪漫的审美形式则难以落实。

德育审美形式的选择只是德育美建设的一个方面，选择之后则是具体建设或者打磨的问题，而这就涉及了这一问题的第三方面——欣赏型德育的技术处理问题。

3. 欣赏型德育的技术处理

这里所谓的"技术处理"实际上是一个比喻。因为德育是一个兼具科学和艺术性质的领域，艺术或者审美的效果更是难以用"技术"的方式去获得。但是在实际德育过程中，我们又不得不处理一些实际问题。欣赏型德育模式的教学和活动中至少有两类问题需要操作化处理：一是全局和整体设计，二是细节或者具体问题处理。

第四章　欣赏型德育模式的实践探索

欣赏型德育模式教学和活动全局以及整体设计在时间上可以是全学期、学段,甚至是终身性质的;在内容、空间上也可以扩展到很宽泛的领域。但是,我们这里所谓的"全局和整体设计",指的是某一个完整的欣赏型德育活动或者教学的过程或者各环节连接上的整体安排。实际上在许多教学理论中,狭义的教学模式指的就是这种体现某种特殊理念的各个教学环节的组合。在实验过程中,实验学校曾经探索过许多很好的设计。

珠海市前山中学曾经用下图来概括他们对于欣赏型德育教学模式的基本构想。

他们对这一模式结构图的说明有如下三点。①模式结构图中用平面坐标系表示教师和学生之间民主、平等的互动关系。横坐标体现教师的主导作用,纵坐标体现学生的主体作用,通过师生每一环节的交互作用形成效果图像。②模式结构图以"美"为起点,以"德"为终点,直观地表达了整个课堂教学以审美化改造为基础,以德育目标的实现为目的。该效果图体现了在师生的交互作用下,"德育情境""道德感悟""道德情感""道德行为""道德品质"之间的递进关系。③模式结构图贯穿欣赏型德育的课题理念,课堂教学每一欣赏信息的发出都形成闭合路径,使师

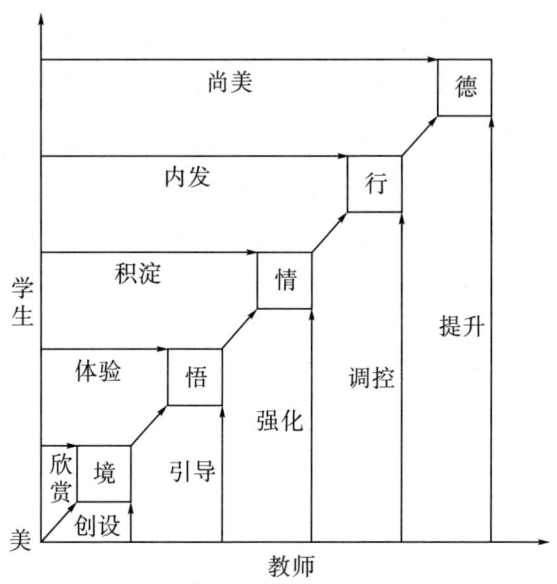

图2 "欣赏型德育教学模式"结构图

生的欣赏与被欣赏的信息都得到有效反馈和调控,以求产生共鸣的效果,达到让道德学习在欣赏中完成的目的。[1]

天津师范大学第二附属小学在进行小学阶段"欣赏型德育教学模式建构"研究过程中,曾经提出过"情境动人教学模式"——"情境动人教学模式是以美的规律来优化教学实践行为,通过创设审美的、愉悦的、自主的、具有

---

[1] 参见梁允胜主编:《美丽的德育在课堂:中学阶段欣赏型德育教学模式研究》,安徽教育出版社2006年版,第36—37页。

第四章 欣赏型德育模式的实践探索

创造性和可欣赏性的学习情境,引导学生置身于教师创设的德育情境之中,在情感情绪上获得生动、深刻、积极、美好的体验,从而求得道德智慧的感悟,形成追求美好、高尚人格的积极心理。""情境动人教学模式的审美化改造重心在于创设能够打动学生的情感、促进学生欣赏德育诸美的情境。教师通过创设各种具有体验性的教学情境,让学生在其中欣赏体验从而自由地获得感悟,自由认同和接纳道德价值,达到道德水平的自主提升。"课题组教师们"在实验中探索出了这样几个情境动人教学模式的操作要点,分别是创设情境、体验探究、欣赏认同、自主提升"[1]。

杭州市大关小学课题组的认识为,在实践中我们所设计的欣赏型德育模式中艺术化策略运用模式的基本程序如下:以情感为突破口,寻找一个欣赏的视角,然后通过情感的变化,引导道德主体的自主构建,最后提升道德主体的品德水平。具体程序为,确立道德教育内容—实施审美化改造—建立欣赏视角—实现情感突破—延长主体的审美感受—产生强烈的情感愉悦—引发主体的自主构建—提升

---

[1] 参见丁安廉、杨茹主编:《美丽的德育在课堂:小学阶段欣赏型德育教学模式研究》,安徽教育出版社 2006 年版,第 27—28 页。

品德发展水平。[1]

珠海市湾仔中学的老师们将"欣赏型德育活动模式"分为三大活动系统进行探索,其中第一大活动系统(德育情境美的创设活动)的几个具体活动操作程序如下。"成长叙事"活动操作程序:设置主题→收集素材→提炼素材→审美改造→活动展示。"在地图上旅行"活动操作程序:收集乡土资料→班级汇报交流→教师引导加工→系列呈现活动。"德美舞台主题展示"活动操作程序:布置德美背景→排练情景剧→师生同台展示→评委点评提升→效果测评反馈。[2]

以上是课题组的老师们关于欣赏型德育全局和整体设计的百家争鸣式的探索。之所以出现这种众说纷纭的局面,主要是因为德育教学和活动的复杂性和审美活动的多样性。但是多样性、复杂性并不完全与统一性对立。在整体考虑欣赏型德育的教学和活动安排的时候考虑这样几个共同的要求是十分必要的。

---

[1] 参见朱小林、林文伟主编:《在欣赏和美丽中成长:欣赏型德育的艺术性手段模式研究》,安徽教育出版社 2006 年版,第 18 页。
[2] 参见温建华、肖桂凤主编:《心灵之航:欣赏型德育的活动模式研究》,安徽教育出版社 2006 年版,第 14—15 页。

第四章　欣赏型德育模式的实践探索

第一，将德育目标和审美目标结合起来，以实现"可欣赏"与"会欣赏"的统一。

第二，充分考虑具体的审美设计，并且依据具体审美形态的特点去进行德育活动的审美化改造。

第三，结合教学科目或者活动主题的实际，考虑教育对象的年龄、生活实际，特别是审美接受心理进行教学和活动的审美化处理。

除了全局和整体设计，欣赏型德育的教学、活动还必须处理好细节问题。我们还是以实验学校老师们的心得为例。

> 我们把"德育细节"的审美化改造作为实施欣赏型德育的策略之一。之所以提出"德育细节"这个概念，一方面是因为德育在很大程度上是靠德育细节完成的，另一方面德育细节在德育中的意义还没有引起足够的重视。德育的完美实现，主要是靠所有的班主任和科任教师在与学生接触的全过程中利用德育细节来达到的。在教学过程中，德育细节的责任重大，因为在课堂教学中，实施德育的空间是有限的，除了一部分德育内容可以通过系统的板块式的组织实施之外，

更多的内容需要靠一些细微的、独立的细节来支撑和实现。

生活中的"细节"概念是被适当放大的。一句赞美、一次批评、一个微笑、一个眼神、一个表情、一个动作、一声叹息、一本作业、一次谈话、一件服装等,都包含着德育内容。可以说,师生间只要有接触,就会有德育细节产生。甚至也可以说,师生的交往过程就是由一系列德育细节组成的。

对德育细节进行审美化改造,意味着教师要学会说话、学会微笑,讲究表扬和批评的艺术,提升道德情操和道德智慧,重视语言美、仪表美、行为美,对每一个德育细节即使做不到精心雕饰,至少也要做到有所讲究,尽可能提高每一个德育细节的质量。德育细节的质量体现在学生是否能从德育细节中看到教师真诚和美好的一面,是否触动学生的心灵,是否引起学生的道德感悟,学生是否心悦诚服地接受德育细节所传递的德育美的信息。有的教师在学生面前没有威信,讲话学生不肯听,这与教师不讲究德育细节有一

第四章 欣赏型德育模式的实践探索

定的关系。[1]

实际上不只是"一句赞美、一次批评、一个微笑、一个眼神、一个表情、一个动作、一声叹息、一本作业、一次谈话、一件服装"包含着德育内容,而且这些细节的处理成功与否,能不能进行有效的审美化处理都是欣赏型德育或者全部德育成败的关键所在。换句话,赞美可以是美丽的,批评可以是美丽的,微笑可以是美丽的,眼神可以是美丽的,表情可以是美丽的,动作可以是美丽的,叹息也可以是动人的……当然,也可以是统统相反的!

同时,细节可以是一道完整的德育风景,也可以是构成这一风景的元素。在德育细节审美化的过程之中需要认真考虑的基本问题包括以下几个方面。

①细节与整体的关系,元素单个的美丽不能成为欣赏型德育整体目标完成的障碍;

②细节处理要考虑细节介入的时间、程度、频率等问题,符合教育规律和审美心理;

③涉及具体的艺术形式的时候,例如故事叙述、音乐、

---

[1] 参见梁允胜主编:《美丽的德育在课堂:中学阶段欣赏型德育教学模式研究》,安徽教育出版社2006年版,第49—50页。

舞蹈、绘画、戏剧表演等，还必须遵循特定艺术的规律，以免东施效颦、反美为丑现象的产生。

珠海市前山中学课题组在《美丽的德育在课堂：中学阶段欣赏型德育教学模式研究》中已经总结出实现德育呈现形式审美化改造的"筛选""发掘""打磨""整合"四种方法。其实这四种方法对于德育细节的审美化也是同样适用的。"筛选"就是要对细节审美化的各种可能有充分的考虑，优中选优；"发掘"就是发现教育者自身所蕴含的德育美丽，依据具体任务释放德育魅力；"打磨"就是要对选择好的细节处理方式进行适当调整、完善，使之与德育和审美规律相一致；"整合"就是要考虑细节完善与整体目标完成的辩证关系，由细节的完善走向整体德育活动和教学安排的美丽、美好。

二、欣赏型德育模式中师生关系的建立

1. 欣赏型德育师生关系的特质

欣赏型德育在师生关系建设方面的一个重要目标是实现教与学关系的民主化，在德育欣赏过程中形成平等、自由、真实的交往关系。

第四章　欣赏型德育模式的实践探索

这里所谓的"平等",就是要放弃传统的"年龄主义"的居高临下式的师生观。的确,教师在心智发展的许多方面都要优于未成年人,所以教师在价值上的忠告对于青少年的健康成长非常重要。但是,这并不是说,成人的价值观念就天然、绝对正确。[1]未成年人也有可能在价值的判断上占有优势,比如道德情感、想象、直觉判断上的优势等。他们也较少受传统的思维定式的影响。此外,即使在成年人拥有优势的领域(比如逻辑推理),我们所追求的真实德育功效也只能在发挥德育对象的学习主体性的前提下才能取得。所以,德育工作者只能以"伙伴"或"参谋"的身份,也就是以完全平等的身份帮助学生实现其道德成长。而所谓自由与真实的交往关系,是说在德育活动中,学生的道德建构活动是完全自主、自由的。诚如杜威所说:"虽然我们可以把马引到水边,却不能迫使它饮水。"[2]道德教育只能设置一定的教育情境,使学生认识到某种道德原则和规范的真理性、合目的性,进而从自己的心理需求与实际出发自主地决定并以自己的方式去吸收、消化和掌

---

[1] 当代西方德育理论已经明确提出了反对道德和道德教育上的"年龄歧视论"的观点。
[2] [美]杜威:《民主主义与教育》,王承绪译,人民教育出版社1990年版,第29页。

握它。至于学生能否接受教师所进行的价值引导，则完全是学生的事情，属于学生的"自由"。实际上只有在完全自由的条件下，一个人才可能进行价值上的接受与学习，师生之间的真正的人际交往才可能发生。所以，师生之间的教育与被教育的关系只能是"陶冶性"的。也就是说，所谓德育，只能是教师创造一定的价值性情境，学生按照自己的自由意志实现自己的道德反思、吸收和变革。教师与学生的德育关系只能通过一定的价值情境作为中介去实现。

在传统的道德教育的"转化"模式中，教师与学生的关系的基本特点有两个：一是"教师→学生"的单向关系，二是师生关系的居高临下特性。传统的道德教育就是拥有价值真理的成年人在单方面向学生做道德的说教。而欣赏型德育模式所希望建立的师生关系是一种德美、育美欣赏过程中的"参谋或伙伴"式的关系。在这一关系中，教师的智慧表现在设置审美化的德育情景并隐蔽起来（或退居幕后），学生则成为价值判断和建构的主体。这一关系的特质：第一，"参谋或伙伴"是双向或多向的关系；第二，"参谋或伙伴"的关系是平等的关系。这就意味着师生关系就像风景区游客之间的关系一样，在道德教育中，教师与学生、学生与学生之间，是一种共同欣赏道德智慧风景和

第四章 欣赏型德育模式的实践探索

交流欣赏心得的关系。当然,与纯粹的游客不同的是,教师还必须是道德风景的创设者和导游人。当完成了风景的设计、导游的任务之后,教师就应当退居幕后,即使再在教育情境中存在,也只能以一种道德人格的风景或普通的游客同伴的身份出现。教师的作用主要是以自己对道德智慧的欣赏来刺激、启发和带动学生的德育"欣赏"活动。

不过,"平等、自由、真实的交往关系"也好,"参谋或伙伴"也好,实际上是所有现代德育模式共同追求的师生关系。那么欣赏型德育在师生关系建设方面的特殊性表现在什么方面?

我们认为,欣赏型德育师生关系的主要特质表现在两大方面:一方面是这一关系建立在对道德智慧美、道德教育美的创造和欣赏的过程之中,这一点是我们前面和整个课题所讨论的问题;另一方面则在于欣赏型德育师生关系在建立的时候具有特殊的中介因素——欣赏型德育师生关系主要是通过师生双方对于对方人格的相互欣赏这样一种中介因素去完成的。因此,理解欣赏型德育师生关系建立的关键乃是对这一中介因素及其应用的正确理解。

2.欣赏型德育师生关系建立的中介因素

如前所述,欣赏型德育模式不仅要追求德育的形式美或者自由的形式,而且应当将"合规律性和合目的性的统一"的要求贯彻到教师与学生的相互观照之中。德育活动应当在师生审美性交往关系中得以完成。而师生审美性交往关系最主要的内容,除了前面讨论到的审美化的德育活动内容、形式,还可以表述为对于充满价值内涵的教师的"师表美"和学生道德发展的"作品美"的追求和相互欣赏。其中最基本的有两个方面:一方面是通过教师对学生的道德发展"作品美"的审美欣赏去实现师生关系的改造,另一方面是通过学生对"师表美"的审美欣赏去实现对师生关系的审美化改造。

在教师对学生的道德发展"作品美"的审美欣赏去实现师生关系的改造方面,许多教育家实际上已经不自觉地为我们树立了榜样。比如著名教育家陶行知先生就为我们做出过很好的榜样。

三块糖的故事

陶行知先生在担任一所小学的校长时,看到男生王友用泥块砸班上的同学,当即制止了他,并要他放学后到校长室去。放学后,王友已经等在校长室准备挨训了,陶行知却掏出一块糖果送给他,并说:"这是

第四章 欣赏型德育模式的实践探索

奖给你的,因为你按时来到这里,而我却迟到了。"王友惊奇地接过糖果。随后,陶行知又掏出一块糖果放到他的手里,说:"这块糖果也是奖给你的,因为当我不让你再打人时,你立刻就住手了。这说明你很尊重我。"王友更惊异了,眼睛睁得大大的。陶行知又掏出第三块糖果塞到王友手里,说:"我调查过了,你用泥块砸那些男生,是因为他们不守游戏规则,欺侮女生。你砸他们,说明你很正直善良,有跟坏人作斗争的勇气!"

王友感动极了,他流着泪后悔地说道:"陶……陶校长,你……你打我两下吧!我错了,我砸的不是坏人,而是自己的同学呀!"陶行知满意地笑了,说:"你能正确地认识错误,我再奖给你一块糖果,可惜我只有这一块糖果了,我的糖给完了,我看我们的谈话也该完了吧!"怀揣着糖果离开校长室的王友,此刻的心情不难想象。[1]

《三块糖的故事》十分精彩,陶行知先生的教育艺术体

---

[1] 成尚荣主编:《让儿童的道德生命自由生长:小学德育案例解读》,江苏教育出版社2001年版,第61页。

现了真正意义上的"师表美",而且这种"师表美"也成功地打动了他的学生王友。而体现这一"师表美"最关键的地方在于先生独具慧眼,发现了王友的正直善良、尊重老师、按时赴约等真实、美好的人格品质。欣赏型德育模式不仅要追求一般意义上对于学生道德成长的发现与肯定,而且必须进一步努力使这一"作品美"存在"审美化",使之成为教师、学生品德成长和师生关系提升的重要工具。深圳市龙岗区实验学校曾经在实验中发生过这样一个朴素、简单,但是又体现了我们课题理念的故事。

板报的故事

又该出板报了。对我们班来说,这无疑是个艰巨的任务。怎么办,让谁来出呢?我接这个班时间不长,对学生也不太熟悉,据了解班里也没有在这方面有特长的学生。于是我决定让同学们自己来解决这个问题。在班会上,我让学生自愿报名参加板报小组,并且说出自己的特长。原以为不会有人主动,因为在别的老师眼里,这个班的学生是最差的,而且没有集体荣誉感。没想到我的话音刚落,朱小华同学就举手了。我问:"你想参加是吗?能告诉老师你有什么特长吗?"

第四章　欣赏型德育模式的实践探索

"老师，我什么也不会，但我想参加，我可以帮忙拿东西，擦黑板。""好，谢谢你！算你一个。"朱小华高兴地笑了。又有几位同学主动加入了板报小组的行列，虽然很多同学并没有什么特长，但他们为班级服务的热情令我感动。这时我注意到，张灵同学低着头，偷偷地看着我，想举手又不敢的样子。这位同学很调皮，平时胆子很大，今天怎么了？张灵同学的字写得不错，不正是我想要的人选吗？于是我走过去，轻轻地问："你可以参加吗？"张灵的脸一下子红了，好像被揭穿了秘密，不过他还是高兴地点点头。

新组建的板报小组开始了第一次行动。工作进展得并不顺利，版面设计反复了好几次，但同学们的热情很高，态度非常认真，不是板报小组成员的同学放学后也主动留下来帮忙。我也和大家一起，帮他们出主意找资料，在快乐的气氛中，终于完成了这次的板报工作。尽管与其他班有一些差距，只获得三等奖，但大家还是非常高兴。事后我们还进行了总结，张灵同学感慨地说："没想到老师会让我们参加出黑板报。

因为，以前只有表现好的同学才能参加。"[1]

上述故事的独特之处在于老师不仅看到了不同类型学生的特长和品德上的优点，而且创造条件让这些优势得到了公开的展示。那句"没想到老师会让我们参加出黑板报。因为，以前只有表现好的同学才能参加"的议论更是让人揪心，也让人感受到了欣赏型德育师生关系建立的必要与迫切！在作品美的审美化改造和表现方面，珠海市湾仔中学还有一个特别典型的成功案例。最初湾仔中学实验组的老师们在工作过程中发现了一个感人的故事。

李远辉是湾仔中学2004届高三（1）班学生。高一入校时，他语言表达不清，性格内向，不太与同学交往，成绩中下等。由于很复杂的原因，他爸爸长期不在家，一家四口全靠妈妈一人养活。勤劳善良的母亲靠打一份勤杂工养家糊口，月薪仅500元。但是母亲人穷志不短，很有骨气，不依赖他人照顾，靠自己的双手，再苦也要把孩子抚养大。李远辉兄妹三个都

---

[1] 孙启智、刘小毛主编：《风中的承诺：欣赏型德育的师生关系模式研究》，安徽教育出版社2006年版，第41—42页。

第四章 欣赏型德育模式的实践探索

很节俭,也很孝顺。李远辉交不起早餐费,有时只能把大家分剩的早餐拿来垫垫肚子,甚至还把早餐省下来当中餐。

学校领导得知情况后,特别钦佩这位母亲的人格,也为自己学生的懂事而欣慰。于是在免除他的借读费之外,还从学校师生募捐的助困基金中,每月提供给他100元生活补助,帮帮那位坚强、善良的母亲,也给李远辉同学提供更好一些的学习条件。

可是,当班主任把钱送到李远辉的手中,他却不肯接受,说:"把我的这份补助给住校的贫困同学吧,他们回一次家都难啊。"后经老师多次交流沟通,他满怀感激地接受了这笔补助款。我们以为他会用这些钱去改善他的伙食或买些衣物。然而,令我们感动的是,他悄悄地把这笔钱的一部分拿来帮助身边遇到困难的同学,有时他还买些水果约几个同学到敬老院去慰问并帮助社区里的孤寡老人。

那么,李远辉同学如此高尚的境界是如何产生的呢?就这个问题我们采访了李远辉同学,还是来听听他的回答吧!李远辉同学说:"学校给我们的这份补助金是来自当时学校开展的'为帮助身边贫困学友'的捐款活动，这是全校师生的一份爱心。当时学校开展这一活动时，我们班有同学为了表示对学校这一举措的赞赏和支持，将自己的早餐费都捐出来了。记得当时这位同学说，'一般的学校都是奉上级命令或倡议为边远山区或病患者捐款，很少学校能为自己身边的贫困学生搞专场募捐，既然我们学校想到并做到了，我今天不吃早餐也要支持这项活动'。我听后非常受感动，所以我认为这笔钱应用在最需要的地方。班里来自贫困地区的住宿生，回一次家都难啊，他们更需要这笔钱。另外，在学校开展的募捐活动中，我认识到，经济上的困难是暂时的，是能克服的，关键是要能找到一种精神力量。现在，我找到了这种精神力量！学校开展的这些活动，一方面使我懂得了'人要真正长大最终还得靠自己，别人的帮助总是有限的'；另一方面我懂得了'滴水之恩当涌泉相报'的真谛，即把他人的点滴帮助作为自己前进的动力，要努力自立，成为一个对他人、社会有帮助的人。在帮助社区孤寡老人的时候，在孤寡老人身上我看到了社会更弱势的群体，他们更需要人们的关爱和帮助，由此我获得了一

第四章 欣赏型德育模式的实践探索

种无形的动力。"[1]

后来实验组的老师在征求当事人李远辉同学的同意之后设计开展了一个叫作"成长叙事"的系列德育活动,将李远辉同学的感人故事搬上了舞台,组织全班同学参与类似于电视台谈话节目的自由讨论,让李远辉的故事的细节非常丰满、感性和优美地呈现出来。由于故事素材来源于生活,再加上音乐伴奏等艺术形式的烘托,这场活动曾经感动了参与这一活动的所有老师、同学和专家。"成长叙事"活动的美丽不仅在于它具有欣赏型德育模式的全局意义,而且从师生关系的层面来看,师生关系的改造、提升是从对学生道德"作品美"的欣赏这一角度去完成的,完全符合用"作品美"的欣赏去改进师生关系的思路。其他实验学校也在实验过程中尝试通过家长、老师的书信赞美,学生课前五分钟"课堂因我而精彩"的演讲活动等形式发掘、呈示学生的道德人格与成长之美,并取得了很好的成绩。杭州市大关小学课题组还曾经在实验过程中把教师撰写的学生道德成长中的故事结集成《德育——一道美丽的

---

[1] 温建华、肖桂凤主编:《心灵之航:欣赏型德育的活动模式研究》,安徽教育出版社 2006 年版,第 38—39 页。

风景》《德育——一首动听的歌》两本文集，用作德育的材料。在实验过程中，我们深切地感受到，学生不仅是接受教育的对象、道德发展的主体，而且是道德成长方面美丽的风景。教师不仅应当利用这些风景教育学生，而且应该认识到只有自身感受到学生人格与发展的美好，才可能建立真正意义上平等的师生关系。

通过学生对于"师表美"的审美欣赏去实现对师生关系的审美化改造，也是欣赏型德育师生关系建立的一个重要途径。实验学校曾经通过许多活动去展现教师的魅力，比如合肥实验学校甚至由此发出全校教师"每人会一种乐器"的倡议，最终组成了学校的教师乐团。当然如前所述，"师表美"主要表现在"表美"、"道美"、整体（教育）"人格美"（或"风格美"）三个方面。加上师生关系涉及教师（集体、个体）—学生（集体、个体）的欣赏关系的建立，涉及面非常广泛，如何通过教师们的自觉行动实现日常德育生活中的全部师表之美的有效呈现，即如何自然、适当地展现不同形态的"师表美"（不招致学生的反感），并使之成为德育的资源与力量，还有许多问题有待于进一步探究。

毫无疑问，欣赏型德育师生关系主要是通过师生双方对于对方人格的相互欣赏这样一种中介因素去完成的。不过需要补充的是,德育的教、学双方对于自身的欣赏(如教师对于自己或者同事的"师表美"的欣赏,或者学生对于自己或者同学"作品美"的欣赏等)也有可能间接地有助于欣赏型德育师生关系的建立。因为,当个体肯定自己的时候,积极的情绪就有可能迁移到相关事物上去。也正是因为这一点,我们认为,存在一个欣赏型德育师生关系拓展方面的命题。

3.欣赏型德育师生关系的拓展

在实验过程之中,课题组的老师们的确提出过迂回或者拓展性地建立欣赏型德育师生关系的设想。主要的思想是将欣赏型德育的理念迁移到家长与青少年的教育关系之中,通过改进亲子关系来促进师生关系质量的提升。杭州市大关小学课题组就曾经通过家长写随笔欣赏自己孩子的方式进行过实验[1],产生了很好的德育效果。同时,学校生活积极情感体验的强化,使得孩子更喜欢学校和老师,师生关系更加融洽。

虽然由于实验时间和条件的限制,我们没能对欣赏型

---

[1] 杭州市大关小学课题组曾经将这些随笔结集为《家长的心声》。

德育师生关系的拓展做更多、更具体的探索，但是这种通过拓展的欣赏型德育的师生关系肯定不仅有利于审美化师生关系的巩固与强化，而且有利于欣赏型德育的师生关系的社会价值得以扩展。这是今后我们进一步进行有关探索可以考虑的一个有价值的思路。

三、欣赏型德育模式如何实现美育与德育的相互支撑与融合

欣赏型德育模式在德育的教学、活动安排以及师生关系改造上的所有努力，除了德育本身的审美化、人性化改造，还有一个重要的追求，那就是验证、实现德育与美育之间的内在联系。我们的基本认识是，美育与德育之间是相互作用和融通的关系；从某种意义上说，全部的教育实践都应当求得美育与德育的统一。

1. 美育与德育的相互作用

美育与德育之间的关系是相互作用的关系。

对于欣赏型德育模式的建构而言，美育与德育之间的辩证关系的全面揭示、解释并非我们的重点。我们的重点在于如何实现美育与德育之间关系的相互作用或者相互支

撑。研究中我们发现，上述相互作用主要有外部影响和内在支撑两个维度。这一相互作用的关系可以表示如下。

表1　美育与德育的相互作用

相互作用的关系	相互作用的维度	
美育对德育	外部影响	内在支撑
德育对美育	外部影响	内在支撑

所谓"美育对德育的外部影响"，实际上是指纯粹美育对于德育的支持作用。这一点笔者已经在《德育美学观》和《美善相谐的教育》两本专著中详细论述过。其中最主要的内容是，美育在没有明显的德育意图的情况下仍然有陶冶人格、促进德育的重要作用。美育具有储善性、导善性、立善性三重基本功能。这"三性"囊括了所有美育对于品德发展的积极影响，其中有直接也有间接的影响。这里只介绍一个在实验过程中产生的关于美育对于德育的直接影响方面的典型案例。

"颂美文，讲故事"活动

学校针对初一、初二年级学生厌学面比较广、知识面窄，特别不喜欢读文学著作的状况，在非毕业年级开展"颂美文,读伟人故事""学典范,讲诚信故事"的活动,目的是"把书籍里记载的模范人物的精神不失时机地移植到学生身上"。经过一年的实践证明:读书、讲故事活动开展得好的班级,尤其是入校不久就开展了这一活动的初一年级,可谓"处处充满书香,人人自修礼成"。[1]

很多情况下学生学习动机低下的原因是没有发现学习领域的美好。美育的介入可以有效地改变学生学习生活的态度和质量。在上述案例中,"颂美文,讲故事"可以被看成一种美育活动。只是这种成功的美育活动不仅改变了"学生厌学面比较广、知识面窄,特别不喜欢读文学著作的状况",而且达成了"人人自修礼成"的德育目标,实在难能可贵。在美育对德育积极作用的方面,不同审美形态效果的大与小、直接与间接都有很大的不同。所有的美育活动都有积极的德育意义,但是自然美、形式美的欣赏相对来说作用较为间接、久远;而那些有积极道德价值的艺术活动,如反映社会美的审美形式则往往更能直接有效地帮

---

[1] 温建华、肖桂凤主编:《心灵之航:欣赏型德育的活动模式研究》,安徽教育出版社2006年版,第16页。

第四章 欣赏型德育模式的实践探索

助德育具体目标的实现。如果我们希望通过美育直接、迅速地解决某类德育问题，学校就应当努力和适当地开展这一类型的美育活动。开展这类美育活动时，我们需要注意的最大问题是不要将美育处理成德育，从而失去美育育德的特点（与德育本身的不同）。

而所谓"美育对德育的内在支撑"主要表现为两个方面：一是德育过程中将美育（主要是艺术）元素作为教育工具去发挥作用；二是美育作为一种德育的境界，使得德育的品质发生积极的变化。关于美育（主要是艺术）元素作为德育的工具发挥作用，我们还是引述《心灵之航：欣赏型德育的活动模式研究》中一段精彩的论述。

> 德育是一种价值引导活动，教育对象情感投入的深浅决定着德育效果的高低。而情感的投入程度与教育氛围的营造、教育情境的审美化改造程度是息息相关的，这就得借助艺术手段。如果要把"道德教育的内容和形式处理成一幅美丽的画，一首动听的歌"，就需要恰当地采用艺术形式，如音乐、美术、诗歌、图片、电影、电视等，让学生融入德育情境中。这个德育情境不仅要充分调动学生的情感，渲染气氛，激发

动机,陶冶情趣,培养情操,能给学生留下思考、回味的空间,而且要有可欣赏性,让学生发自内心地去感悟做人、做事的道理。艺术手段的引入要注意三个"原则":一是艺术形式选用恰当,二是艺术内容介入的适时适量,三是艺术手段的辅助地位。如在"花季的春风——2004届高三年级成长叙事"活动中,我们很成功地运用了录像、图片、歌曲、诗词等艺术手段,但我们在运用背景音乐的时候也出现了音量过大、时间过长等导致喧宾夺主的失误。[1]

显然,上述心得可贵的地方,不仅在于应用了美育的元素,而且在于探索出了艺术手段引入应当注意的三个"原则"。而承认"在运用背景音乐的时候也出现了音量过大、时间过长等导致喧宾夺主的失误"的问题,更是实事求是精神的体现。承担艺术手段在德育中的应用实验任务的杭州市大关小学课题组在《在欣赏和美丽中成长:欣赏型德育的艺术性手段模式研究》中则有更多的体会。比如他们发现,同样的音乐在活动的不同阶段,针对不同学段

---

[1] 温建华、肖桂凤主编:《心灵之航:欣赏型德育的活动模式研究》,安徽教育出版社2006年版,第25页。

第四章　欣赏型德育模式的实践探索

的儿童会产生不同的德育效果。依据这些发现，他们还尝试建立音乐资源库，以方便不同主题、不同对象的德育选择。以上这些宝贵的心得都可以给后来者提供参考。不过需要申明的是，关于"艺术手段在德育中的应用"看起来问题不大，但实际上这是一个涉及不同艺术形式、不同学段的大课题，到目前为止我们的心得极其有限，我们只能呼吁更多的同人加入探索这一问题的队伍。

至于美育作为一种德育的境界使得德育发生了积极的变化，我们认为是不言而喻的。美育不仅是工具，而且是"趣味"，是一种教育或学习的生活状态。一旦德育有了美育精神，则教师、学生都会在精神和感性上"乐"在其中。这也是我们鼓吹德育进行审美化改造，提倡欣赏型德育模式最重要、最真实的原因。

关于美育与德育的相互作用的另一个层面，正如前述所言，还包括德育对美育的外部影响、德育对美育的内在支撑等内容。不过对于本课题来说，这不是我们研究的重点，在此不再解释。但是这一内容在本人的专著《美善相谐的教育》中有过比较详细的讨论，有兴趣者可以参阅该书的第三章"德育对美育的作用"。

2.美育与德育的内在融通

美育与德育之间的另一层更内在的关系是"融通"关系。就是说,不仅存在"美育对德育的作用""德育对美育的作用"问题,更进一步地说,实际上没有美育和德育的严格区分,真正的美育往往就是德育,而真正的德育也就是美育;存在一种真正的美育和德育交融的教育形式,这种形式我们也许只能称之为"德美育"。我们前面提及的景物描写的写作教学、小博士考察团活动、颂美文讲故事活动、成长叙事的德育系列活动等都很难再去区分什么是"德育"、什么是"美育"了。

以下是实验过程中另一个比较成功的典型案例。

"团结的红、黄、蓝"的实验过程

4月21日下午第一节课,三(2)班教室,32位同学静静地坐在教室里。美术老师刘芬走上讲台,发给每位同学32开铅画纸,要求每个同学用十分钟的时间画一幅动植物彩色画,并把它剪下来。

教室里静静的,因为只有十分钟时间,每位同学都感到时间的紧迫,思考片刻就动手画自己最拿手的花草、树木、小动物,以及山石、水流、云彩,很快,

第四章 欣赏型德育模式的实践探索

每位同学都在规定的时间里完成了自己的作品。

刘老师又让学生们自由找朋友,三至五人为一组,在一张16开的铅画纸上组合成一幅图。五分钟后,分组展示。教室里一下子热闹起来,教室里很快组成七个小组,比画着拼出七幅画,并且一一展示,教室里的气氛十分热烈。

刘老师又把全班分成三个组,拿出三张4开的铅画纸发给三个组,要每个组用十分钟的时间把每个人的画拼成一幅画并展示。课堂内沸腾了!在组长的组织下,大家群策群力,都积极地设计、仔细地拼接,组成了三幅主题各异的彩色图画。当三幅画一起展示在黑板前,学生惊奇地看到三幅画都很完整而丰富。

刘老师又拿出一张大铅画纸,让大家把全班每位同学的画拼在一张纸上,同学们高兴地欢呼起来,愉悦地把自己的画一张又一张地组合起来。组合完成了,刘老师把由全班32张作品组合成的一张画展现在大家的眼前,学生情不自禁地叫了起来:多么美丽的画!大家都陶醉在成功的喜悦中。

从单个的作品到几个人作品的组合再到十几个人作品的组合,最后到32个人作品的组合。在从少到多、从小到大、从个人到全班的不断组合的过程中，学生们的情绪从投入到兴奋、愉悦再到自豪，情感不断地高涨，对合作关爱的领悟逐渐得到强化。

最后，刘老师让同学们把这幅由32双手共同创作的题为《三（2）班的春天》的画贴在教室的墙上，大家都鼓起掌来。[1]

我们可以再看一看实验的结果。

访谈记录

学生：王聪冲、刘暄迪、徐赟、戴越、徐晓安。

（1）喜欢这样的活动吗？为什么？

A. 很喜欢，有兴趣，觉得很精彩，全班组合后很激动。

B. 培养了动手能力，发挥了自己的想象力，提高了自己的能力。

C. 增进了同学间的合作，同学间合作很好。

（2）在活动中感受最深的是什么？

---

[1] 朱玉林、林文伟主编：《在欣赏和美丽中成长：欣赏型德育的艺术性手段模式研究》，安徽教育出版社2006年版，第27页，有改动。

第四章 欣赏型德育模式的实践探索

A. 剪的时候要仔细,组合时要注意布局。

B. 展示画时很高兴。

C. 组合画时大家很默契。

D. 二次组合时,就要展示了,大家还在努力比拼,很感动。

E. 全班一起拼成一幅画很快乐。

(3) 通过活动,你有什么体会?

A. 大家的想象力十分丰富,画的图真美丽。

B. 集体的力量大,看到集体的成果很激动。

C. 一个人力量很小,集体力量很大。在组画中互相帮助,提高合作能力。[1]

在上述过程中,教师到底是进行了以"红、黄、蓝"为主题的美术课程,还是实施了以"团结"为主题的德育活动? 我们认为答案只能是一个:都是!

所以我们在实验探索过程中最为深切的心得之一:"美丽的德育"不仅是技术、策略,更主要的是一种教育精神与境界。在教育的实际生活中,我们也许不必像做专门研

---

[1] 朱玉林、林文伟主编:《在欣赏和美丽中成长:欣赏型德育的艺术性手段模式研究》,安徽教育出版社 2006 年版,第 73—74 页。

究那样非要清楚地区分什么是"德育"和"美育"。"不管白猫黑猫,抓住老鼠就是好猫"。我们可以肯定地说,无论德育还是美育,能够通过审美欣赏机制有效提升学生人格水平和校园生活质量的教育就是"美丽的风景",就是"德美育"!

第五章

欣赏型德育模式的实践原则

如前所述,欣赏型德育模式只能是依据德育美学观建立起来的一种在教育实践中进行德育审美化改造的基本思路和开放性的框架。

所谓"基本思路",就意味着有无限变化的可能;所谓"开放性的框架",意思就是不管有没有自觉的欣赏型德育模式的意识,合乎这一模式理念的所有成功的教育实践与思考都是我们建立和完善这一模式的宝贵材料。如何在实践中更好地探索、实施欣赏型德育模式?除了教育理念、实践策略和程序,还存在一个所谓的欣赏型德育模式的实践原则,即如何处理开展欣赏型德育过程中可能遇到的一些内外关系的问题。

我们认为,以下三个方面的原则是值得在进一步探索欣赏型德育模式中认真贯彻的。

一、自觉性原则

就像任何一个自然规律在人类认识它之前我们仍然有可能不自觉地按照这一规律运转一样,欣赏型德育模式的基本理念也可以完全自发地在教育的实践中有效地运行。

以下为我们在实验前后的有趣的经历。

2000年,笔者曾经在参访香港的一所小学时发现学校的走廊上张贴着一个富有童趣造型的小卡通(一个翘起表示赞扬的大拇指),上面写着:"美丽整洁的校园有你一份功劳!"当时我还没有决定要进行欣赏型德育模式的实验研究,但是当时这样一个小小的卡通仍然使我激动不已,至今也难以忘怀。

后来,我将这一案例在课题组会议上与实验学校的老师们做过分享。不久天津师范大学第二附属小学的丁校长对我说,通过实验老师们的努力,她们学校已经将"不要践踏草坪"之类的警示牌换成了"小草在睡觉,不要打搅她"这种合乎欣赏型德育理念的小标牌。

第五章 欣赏型德育模式的实践原则

仔细想来,"美丽整洁的校园有你一份功劳!"小卡通到底有哪些符合我们欣赏型德育理念的因素呢?我个人认为至少有这样几点。

(1) 小卡通非常艺术地揭示了道德规则或者道德智慧的美丽——只要我们稍稍注意一些举手投足的小细节(合规律性),我们的生活环境就会如此美丽、可人(合目的性)。典型的"合规律性与合目的性的统一",合乎美的形式标准。

(2) 小卡通将"美丽整洁的校园"与"有你一份功劳"相连接,有强烈的"作品美"欣赏的导引、暗示作用。儿童道德行为方面的劳动成果(校园的美丽与整洁)在这里成为供学生审美欣赏的对象,同时在自我肯定中实现道德的进一步成长。

(3) 间接地说,阅读这个小卡通的所有老师、家长、访客都会在这种道德智慧美、道德教育美的映照下欣赏、感动,无意识中大家都会有一个积极的评价,大家都会对学校、对孩子们有更进一步的积极作为,从而使校园或者儿童们创造的道德风景更加美丽动人!

(4) 一个翘起表示赞扬的大拇指造型的小卡通无疑是一种富有童趣的审美形式,"美丽整洁的校园有你一份功劳!"更是不假修饰的儿童生活语言。显然,道德美、德育美如果要儿童欣赏,就必须寻找到符合儿童发展与审美心理的形式。

而从"不要践踏草坪"到"小草在睡觉,不要打搅她"之类的标牌语变革,除了在原理上与以上四点相同,天津的老师们与香港同行不同的地方在于:小卡通的创作者有可能是一个有心的老师,也有可能是在老师指导下某个孩子的杰作。而天津师范大学第二附属小学的行为已经实现了由自发到自觉的转移,我以为这是一个质的飞跃——尽管"小草在睡觉,不要打搅她"也许还没有"美丽整洁的校园有你一份功劳!"那样精彩。

不错,我们提出了欣赏型德育模式的基本理念,我们在实验中也的确发现、创造了许多令我们实验者自豪的审美实践形式。但是我们需要强调的是,在我们明确提出德育美学观和欣赏型德育模式之前,在我们明确意图的实验过程之外,并非一定没有合乎德育美学观和欣赏型德育模式的教育实践。教育生活中有的是德育的美丽。所有成功的德育都一定是合乎德育美学观和欣赏型德育模式的教育实践,尽管有自发与自觉的区别,尽管有不同角度的思考、表达上的区别。"自觉性原则"要求参与欣赏型德育模式探索的人们应当认真清理自己已有的成功的教育实践与智慧，思考如何将教育生活中蕴藏着的自发的美丽变成自觉的教育行为，让我们的德育更加美丽！

如果说自发与自觉的区别代表了欣赏型德育模式探索的纵向发展线索的话，个同角度的思考、表达上的区别则代表了这一探索的横向借鉴关系。横向借鉴关系的建立，主要确立的原则就是所谓的"开放性"原则。

二、开放性原则

其实"自觉性原则"也是一种开放和借鉴，不过这是一种内向的开放和借鉴。而"开放性原则"所说的则是那种外向性的开放与借鉴。应当说，古今中外可以发掘、借鉴的资源非常丰富。以下是我们在实践中发现并向实验老师们推荐的三个案例。

1.感激时间。威尔科克斯，是纽约城的五年级教师，通过被她称为"感激时间"的规律性课堂活动来培养学生之间的认同，每周进行三次。每次活动的时候，她让学生围成一个圆圈，请他们"讲别的同学值得感激的事情"。

比如，有一次活动中，一个女孩说："我想感谢朱丽，当我忘了带作业纸的时候，她把她的作业纸给我用。我告诉唐娜忘了带纸，朱丽正好站在那里，便给了我一些纸。"（这时，朱丽微微地笑了。）另一个女孩说："我想感谢劳丽，这一周她帮助我拼写，这一年我第一次得了100分！"威尔科克斯老师说："感激时间已经成了我们的一项传统的活动。"

2. 善行树。一位加拿大的六年级教师通过被称为"善行树"的活动起到了相似的效果。这样的活动在开学之初每周举行两次，他向学生提问："别人为你做了哪些好事，或者你看见某人为他人做了什么好事？"

在班级中的一块布告栏上，他画了一棵只有光秃树枝的大树，旁边有一盒他用绿色的纸剪成的"树叶"。学生报告一件好事，他就拿出一片树叶，写上做好事者的名字，贴在一个树枝上。逐渐，长出树叶的大树变成了孩子们在关心他人方面进步的标志。

3. 积极言辞的力量。"积极言辞"可以对学生受到的贬抑产生良好的治愈作用。我曾经将这种方法用于一个五年级班，这个班的老师说学生间起绰号和互不

第五章　欣赏型德育模式的实践原则

尊重的现象是他见过的最严重的。

把学生的桌子摆成一个马蹄形后，我问他们："我们说什么样的话能使他人高兴？"学生们举了很多的例子。然后我又问："说什么样的话会使他人难受？"学生们非常踊跃地发表自己的看法。

"所以言辞是有力量的，"我说，"言辞的力量既可以使别人高兴，也可以使他人难受。我现在想做一个活动，给你们一个练习'积极'言辞的机会。"我在黑板上写出"积极言辞的力量"，并解释活动如何进行：

"我给你们每个人发一个纸条，然后大家同时注视着一个人绕着圈走，你们将有一分钟的时间在纸条上写下这个人的名字，以及你喜欢、佩服、欣赏这个人的地方。不要签上你的名字。

"当你们写完以后，将纸条字面向下放着，由老师来收集。其他人写给你的纸条也会字面向下放在你的桌子上，我们把每个人的纸条收发完之后，你们可以把写自己的纸条翻过来看。"

老师在收集纸条的时候看了一遍纸条的内容，将一些不宜公开的纸条返还给本人。当所有的人，包括老师写完以后，我给了一个手势告诉大家把纸条翻过来看。

好大一会儿教室里一片寂静,当学生把写自己的纸条给好朋友看时爆发出一阵兴奋的嗡嗡声。一个男孩说:"一个人称赞我的词汇量大,哇,我没有想到别人会佩服我这一点!"

老师让大家安静,并且问道:"什么时候你们感觉更好?是你们把赞扬的语言给别人的时候还是把贬损的语言给别人的时候?"

学生们回答说当他们赞扬别人时感觉好得多。老师说:"但是当贬损一个人的时候不是也感觉很好吗?"学生们说是的,但那种感觉不长久,而且别人通常会反过来贬损你。[1]

以上案例均来源于美国品德教育运动的代表人物——教育家托马斯·里克纳的《品质教育学校方略》一书。类似"感激时间"这样的活动以两种形式改变了学生之间的人际关系:一是它提供了学生彼此欣赏的机会,二是它促进学生进一步关心和帮助他人。而"善行树""积极言辞的

---

[1] 参见托马斯·里克纳:《品质教育学校方略》,刘冰等译,海南出版社2001年版,第93—95页。

第五章 欣赏型德育模式的实践原则

力量"则让学生观照到了道德智慧、教育智慧的美丽。在生动、美好的教育活动形式中,学生们主动、积极地完成了道德的成长,有效地克服了价值引导与自主建构之间的矛盾。实际上,仅仅在这本书中,我们还可以发现许多符合德育美学观和欣赏型德育模式精神和操作原理的案例。

另一位在德育美的形式创造上做出重要努力的教育家也许应当是苏联教育家苏霍姆林斯基。他的著作中蕴藏着大量的符合我们现在称之为德育美学观和欣赏型德育模式的案例。比如他曾经提出"前景教育"的思想,就是通过憧憬未来的活动安排激发孩子们对自己及其祖国未来的憧憬从而促进孩子们的积极道德成长;通过"地图上的旅行"活动,孩子们通过材料的学习在地图上一览祖国美好的风光、悠久的历史、人民的伟大,等等。这些案例我们都曾经在实验老师们中做过广泛的交流。也正是因为他的启发,我们才有了杭州市大关小学课题组的小博士考察团活动、珠海市湾仔中学课题组处理进城务工人员子女心理问题的另一种"地图上的旅行"活动!

国内也有很多实践工作者有意、无意创造了我们进一步进行欣赏型德育模式建构可以借鉴的实践经验。一线教师出版的著作中甚至出现了《美丽的教育》[1]这样的书名——尽管这本书的"美丽"是宽泛的,不是严格的审美意义上的"美丽"。

总体说来,我们认为,不管"善行树""感激时间"之类的教育创造发生在哪里,不管这些宝贵探索最初是否是从类似于德育美学观和欣赏型德育模式的理念出发的,我们都认为这些是我们模式探索可以借鉴的珍贵经验。实际上目前的欣赏型德育模式的理念与操作策略研究刚刚完成初始阶段,我们需要借鉴这些经验,以丰富、完善我们的理念与操作,实现向更高远方向的再出发。

三、自由性(创造性)原则

自觉性原则、开放性原则都是欣赏型德育模式探索过程中如何借鉴或者学习的原则。没有借鉴就没有创造的基础,但只有借鉴就无所谓欣赏型德育模式独立存在的理由。因此,在学习、借鉴的基础上如何进行自主、自由性的新创造是我们在实践中必须考虑的一个更为根本的实践原则。

---

[1] 孙蒲远:《美丽的教育:写给年轻的班主任》,同心出版社2004年版。

第五章　欣赏型德育模式的实践原则

当然，这里所谓的"创造"有两种类型：一种是在已有经验基础上的改造，另一种是依据实验理念进行全新的建设。在三年多的时间中，我们课题组实际上是"两条腿"一路走来的。

我们先来讨论"在已有经验基础上的改造"。一个比较典型的案例就是珠海市湾仔中学课题组的"地图上的旅行"活动和"李远辉的故事"。"李远辉的故事"前面已经讲过。下面介绍"地图上的旅行"活动。

"地图上的旅行"活动

初一（4）班有一半学生是随父母离乡背井南下进城务工或因父母工作调动而入读湾仔中学的。他们来自全国二十多个省市，由于初来乍到，见识不如本地学生，有的连普通话也不会说，与本地学生格格不入，甚至被冷落。这批同学的共性是自卑、内向、离群、学习不主动、不积极。这就很自然地导致班集体向心力不强、凝聚力不足。因此，班主任高永霞老师根据实验要求，在班上开展"请到我的家乡来做客"等地图上旅行系列活动。比如说，今天邀请全班同学去做客的是来自四川康定的一位同学，他需要提前做一些准备,包括康定是一个什么样的地方?历史上出过哪些名人?有哪些能够反映民族文化的东西?有哪些风景、名胜、古迹、美食以及休闲游玩场所?然后,在班上进行介绍并盛情邀请同学到自己的家乡去做客。这次由四川的同学介绍,下一次按路程由西安的同学介绍,这样一个地方接一个地方"旅行做客",根本不用提"爱家乡""爱祖国",就已经把祖国最伟大、最优秀、最具有闪光点的东西呈现给了同学;也根本不用提"自尊、自爱、自信、自强""团结友爱""集体主义",学生在活动中已经懂得并做到了。[1]

以上案例与苏霍姆林斯基的"地图上的旅行"的相同点都是通过学生主动发现、呈现和欣赏祖国或者家乡的美丽的方式去实现"爱国主义教育"的德育目标。但是实验教师(湾仔中学高永霞老师)多了一个考虑,就是德育活动的具体针对性——外地同学"由于初来乍到,见识不如本地学生,有的连普通话也不会说,与本地学生格格不入,甚至被冷落。这批同学的共性是自卑、内向、离群、学习

---

[1] 温建华、肖桂凤主编:《心灵之航:欣赏型德育的活动模式研究》,安徽教育出版社2006年版,第13—14页。

第五章　欣赏型德育模式的实践原则

不主动、不积极。这就很自然地导致班集体向心力不强、凝聚力不足"。事实上，经过这样一次次"地图上的旅行"活动，根据老师、同学的反映，该班同学之间的理解、沟通、和谐、团结的程度也的确获得了较大的提高。原因很简单：外地同学"请到我的家乡来做客"的演讲等行为不仅改变了城区同学对于欠发达地区的地域偏见，而且展示了外地同学沉默外表背后的能力与才华。他们之间的友谊就可以通过彼此尊重而真实地建立起来。因此，在已有经验的基础上，结合德育面临的具体实际，依据课题的研究理念，将已有案例进行自主性改造，本身就是一种教育的创造性表现。在欣赏型德育模式探索过程的初始阶段，借鉴之所以重要，是因为不需要从头开始，丰富的德育资源就得到了充分利用。当然，作为一个新的模式的探索，如果仅仅应用已有成果，不仅不利于模式的完善，而且更不利于德育实际工作的改进。实验老师们所做的，就是在已有经验的基础上加强了德育工作的针对性，强化了欣赏型德育的独特性与自觉性。

　　以上是"在已有经验基础上的改造"。我们再来讨论如何"依据实验理念进行全新的建设"。以下是杭州市大关小学课题组创造的一个与前面提到的"团结的红、黄、蓝"

相似的案例。

"合作关爱"主题
——"和谐的吹、拉、弹、敲"实验活动

一、研究缘起和实验目标

对德育内容进行情景化的审美建设，努力发掘教育内容中的审美因素，在欣赏中完成价值选择能力和创造力的培养，让学生在行动过程中，不断增强对自身道德的反思与审美观照意识，使道德精神与人格之美的欣赏成为他们道德发展的动力，使学生能够在集体所创造的成果中看到自身的美，看到自己同伴的美，看到自己集体的美。依据檀传宝教授在《让道德学习在欣赏中完成》一文中的理论，本子课题组设计了"和谐的吹、拉、弹、敲"实验活动。

二、实验过程

11月26日下午，学校文艺楼二楼排练厅里放置着各种民族乐器，有吹、拉、弹、敲类型的乐器31件。实验班五（2）班的31位学生走进排练厅。该项实验活动由民乐指导老师主持，课题组成员和邀请参加实验记录的其他教师共15人进行活动监测。

第五章　欣赏型德育模式的实践原则

活动开始，指导老师让学生们自由组合，然后自主选择乐器并排练出一个演奏小节目，排练时间为5分钟。同学们共组成7个合作小组，并开始认真排练。5分钟后各组汇报演出。节目出人意料的精彩，有笛子与打击乐合奏，有二胡与打击乐合奏，有扬琴、琵琶、大提琴的小合奏，还有纯打击乐的节奏表演。表演结束后，指导老师没有评价，只是说："我们进行第二次组合，可以组与组合作排练，5分钟后再汇报。"同学们热情高涨，迅速组成4个组，表演的节目精彩纷呈：有女生组成的民乐小合奏《金蛇狂舞》，有男生组成的笛子合奏《小熊跳舞》，有二胡独奏加伴奏的《赛马》，有纯打击乐的《快乐的节奏》。表演结束后，指导教师也不做任何评价，只是说："我们全班同学一起来排练一个节目，民乐合奏《喜洋洋》。"同学们十分愉悦地在老师的指导下分成了弦乐组、弹拨组、吹奏组、打击乐组。分组练习后，全体学生合奏了《喜洋洋》，演出水平之高、配合之默契使所有在场的老师情不自禁地为他们鼓起掌来。

三、实验结果

（一）观察记录表一汇总分析结果

活动中不专心的学生人数为0；有兴趣的学生人数为31人，占100%；有愉悦感的学生人数为31人，占100%；有成功感、自豪感的学生人数为21人，约占68%；有忘我表现的学生人数为20人，约占65%。

(二) 观察记录表二汇总分析结果

具体描述：

1.争先恐后地找到自己感兴趣的乐器；

2.积极找搭档，抓紧时间排练，排练过程中很兴奋、很专注；

3.欣赏各组演出专注投入，表现出微笑、惊奇、陶醉等神情；

4.再次组合排练时都表现得兴奋，愉悦度高于前次组合；

5.第二次演出时同学们情不自禁地和演员应和起来；

6.普遍都很有表现欲望，很想展示，对自己会演奏某一乐器而感到自豪；

7.全班表演时十分投入，并伴有下意识点头、跺脚等肢体语言；

8.齐声叫好，体现出强烈的成功感和自豪感。

第五章　欣赏型德育模式的实践原则

（三）跟踪观察记录三（跟踪学生姓名：王子、钱逸成、沈尽欢）

1.彩排时用木鱼敲节奏时脚也同步配合，很愉快，很投入；

2.演出时一脸的认真，并很自信，嘴角微微翘起；

3.第二次彩排时充满自信自豪，脸上始终洋溢着微笑；

4.演奏完向大家鞠躬致谢，体验到了成功的喜悦。

（四）访谈纪要汇总

访谈学生：汪醒格、张佳杰、成皓、徐晓莹、贾媛嫔。

1.你喜欢这样的活动吗？为什么？

喜欢。

（1）有了生活的乐趣，集体演奏感到自豪、愉快，同时锻炼了我们的胆量；

（2）让我们更喜欢音乐，锻炼了动手能力；

（3）丰富音乐的感染，使得集体协作能力加强了，让我们班同学更加团结了；

（4）好开心，培养了独特的创造力。

2.在活动中你感受最深的是什么？

(1) 默契配合,每位同学都发挥了作用,对乐器有了更深的了解;

(2) 我很自豪,因为我会演奏,为整个班级的乐队出了一份力;

(3) 我们在一起合作排练很快乐;

(4) 合奏《喜洋洋》,开始节奏打不好,后来在同学的帮助下演奏很成功。

3.通过活动你有了什么启发?

(1) 要合作好,才能办好事,今天合作得很好,每个人都很成功;

(2) 音乐是很美好的,合作后才会有一台成功的节目;

(3) 我应该努力把琵琶学得更好,三次组合我感到曲子越来越好听,因为集体的力量是很强大的;

(4) 集体的力量大无比,在活动中学会合作,干什么事都要互相谦让配合。

(五) 问卷调查

对27位学生进行问卷调查。

1.喜欢这样的活动的有1人,很喜欢的有26人;

2.喜欢少数人的演奏的有9人,很喜欢的有

第五章 欣赏型德育模式的实践原则

18人；

3.喜欢全班合奏的有3人，很喜欢的有24人；

4.对参加演奏的角色，不喜欢的有1人，喜欢的有5人，很喜欢的有21人；

5.参加活动后的感受和启示（开放性问答）：

（1）知道了和同学们一起演奏是那么高兴，尝到了演奏的快乐；

（2）我觉得同学们之间非常默契，希望多办一些这样的活动；

（3）我觉得大家要办好一件事，就要像今天那样团结、协作、帮助；

（4）只有相互合作、相互团结，才能出好成果；

（5）知道同学之间要相互配合，要有默契；

（6）知道团结力量大，我们要团结友好；

（7）什么事都要亲身体验，才能感到其中的快乐；

（8）知道只有全体努力才会演奏出优美的音乐；

（9）吹、拉、弹、敲合起来的曲子，才是最好听的。

四、收获与体会

1.活动进行了德育情境的审美化建设，发掘了民族乐器排演中的审美因素，把合作关爱的道德认知进行艺术化改造，学生在艺术化的天地里自由参与，抒发出浓厚的情感，如同在蓝天绿地间面对美丽的风景一起进行欣赏和交流，使他们的情感随着活动往兴奋、激动、愉悦、陶醉、自豪的方向发展。

2.学生参与性是自觉的、投入的、积极的。他们在不断组合、演出的过程中，扮演了不同的角色，有了丰富的审美体验。学生在审美的心境中扮演和实践，强化和巩固审美体验，使合作关爱成为动力，从集体所创造的成果中看到自己本身的美，看到自己同伴的美，看到自己集体的美。

3.促进了学生创造能力的培养。吹、拉、弹、敲的实验活动，不仅在学生组合排演的过程中发挥了学生的聪明才智，而且在排演的过程中让学生发挥出合作的创造性意识，他们自主探索合作的内容形式，自主思考合作的方法，从而感悟到合作关爱在吹、拉、弹、敲的过程中显现的巨大作用。

4.从观察记录、访谈记录、问卷调查中可以看出，"合作关爱"的道德认知已经在参与者的心灵里萌发。他们已经有了为了合作演奏好，自己就要演奏好的责

第五章 欣赏型德育模式的实践原则

任感,已经有了互相谦让、配合的意识。这些自觉萌发的道德认知是有生命力的,也是本实验所希望看到的结果。

5.实验活动发现和探索了欣赏型德育模式中艺术手段运用策略问题,看到了艺术活动本身蕴含着许多道德之美的内容,艺术活动本身为学生欣赏自己、他人和集体的美提供了平台。对活动的内容形式进行审美化改造,使之成为学生欣赏的审美对象,让审美成为学生道德发展的动力。[1]

这是一个比较详细、完整的实验过程记录。应当说,以上案例中"合作关爱"的德育主题十分优美、自然地通过"和谐的吹、拉、弹、敲实验活动"得以顺利完成。教师的创造在于将德育活动与美育课程完全结合起来,通过乐器及其演奏的不同组合展示合奏的乐趣与合作的道德力量。在活动中,同学们不仅看到"团结就是力量"之类的道德智慧美,而且充分体验了道德教育过程本身的美好。这是一次道德智慧美、道德教育美的集中展示。而实验教

---

[1] 朱玉林、林文伟主编:《在欣赏和美丽中成长:欣赏型德育的艺术性手段模式研究》,安徽教育出版社 2006 年版,第 25—26 页、68—72 页,有改动。

师如果没有依据德育美学观和欣赏型德育模式的理念进行自主、自由的创造,"和谐的吹、拉、弹、敲"就不可能获得德育、美育相互融通的教育境界。虽然大关小学作为一所艺术特色学校可能有一些普通学校无法直接借鉴的优势,但是只要参与探索的人能够真正掌握、秉承欣赏型德育的理念,找到能够自由发挥各自教育优势的合适形式并不是一个很难的工作。

教育是一门高度综合性的艺术。道德教育是这门艺术中最具挑战性,也是最具震撼人心力量的华彩乐章。道德教育的崇高使命就是提升人的生命质量。欣赏型德育模式就是完成这一崇高使命的最佳形式之一。尽管帷幕刚刚开启,但是我们坚信,只要更多的人加入耕耘的行列,那"一道最美丽的风景"就一定会展现在每一个道德学习者的面前。

附录 I

让道德学习在欣赏中完成
——试论欣赏型德育模式的具体建构[1]

一、建构欣赏型德育模式的必要性

为什么要建构一种欣赏型德育模式？主要理由有二。

首先，建构欣赏型德育模式是中国社会与教育发展的实际需要。

众所周知，近年中国政府正在全方位积极推行"素质教育"的政策。与"素质教育"的基本追求近似的发生在基层或民间的教育探索如"主体教育""愉快教育""成功教育""挫折教育"等实验也方兴未艾。"素质教育"被译为"Quality Oriented Education"，即"以质量为导向的教

---
[1] 本文所用"德育"概念主要指"学校道德教育"。本模式的基本理论论证可参见拙著《德育美学观》，山西教育出版社1996年版。本文曾发表于《北京师范大学学报》（人文社会科学版）2002年第2期。

育"。这一运动实际上象征着中国社会这样一个历史性的转变：中国教育已经主要从量的扩展的普及范式向追求品质、质量兼顾的方向发展。更准确地说，世纪之交的中国教育已经开始了"质量化"发展之路。

从量的扩展到教育品质的追求的范式转换，其核心之一是要克服当前教育活动中教学双方及其活动出现的诸多异化现象。比如教育理念上的功利主义，学生、教师、家长、社会"唯分是举"的做法与看法；作为学习主体的学生在学校教育过程中毫无主体性，完全沦为学习的"奴隶"，学习过程等同于被"规训"（discipline，福柯语）的过程；教师失去太多自由创造的空间，对教育生活感到疲惫从而无法体会教育生活的意义；等等。对于学校德育而言，这一异化现象则表现得更为突出：本来应当教人诚实的神圣殿堂，往往变成了诱人撒谎的荒谬所在；本来应当给人以道德智慧、解放人的循循善诱，往往变成了使人愚昧、束缚人思考的强制灌输；本来应当给人以道德文化享用的愉悦旅程，常常演变成一种压抑个性、否定自由的痛苦经验……

梁启超先生曾经说过："'美'是人类生活一要素——或者还是各种要素中之最要者，倘若在生活全内容中把

'美'的成分抽出，恐怕便活得不自在，甚至活不成。"[1]"趣味是生活的原动力，趣味丧掉，生活便成了无意义。"[2]可以这样说，目前中国教育实践中的诸多教育异化现象虽然不能完全归结为"趣味"的丢失、没有按照美的规律进行教育，但是我们至少会认同的是，教育中严重的功利主义取向，教育中人和人的意义的遗失等，肯定与超越性的缺乏、必要的趣味与境界等审美要素的缺乏有关。因此，中国教育"质量化"的应有之义是教育的审美化。欣赏型德育模式不过是这一审美化抉择在德育实践上的具体构想。

上述中国教育的"质量化"发展也可以从正面去加以解释。马斯洛的需要理论认为，人类在基本需要满足的基础上会产生追求真、善、美等高层次目标的精神需要与冲动。中国社会与教育的层次发展也与此类似。如果说过去的德育相对简单，对规范、约束强调较多，那么逐步走向小康水平的中国社会在教育上是否到了一种不仅强调道德规范的简单授受，而且开始追求道德教育的自由与个性境

---

[1] 梁启超：《美术与生活》，《饮冰室合集·文集第十四册·饮冰室文集之三十九》，上海中华书局1936年版，第22页。
[2] 梁启超：《趣味教育与教育趣味》，《饮冰室合集·文集第十三册·饮冰室文集之三十九》，上海中华书局1936年版，第13页。

界的时候了呢？欣赏型德育模式的建构实际上是对学校德育更高境界的一种设计。它具有某种理想的性质，但是又有着现实的教育基础——我们认为，所有成功的德育的奥秘都在于展示了道德智慧与道德人格的魅力，都是一种合乎审美规律的欣赏型德育。只不过由于建立欣赏型德育模式的自觉程度不高，合乎欣赏型德育模式要求的行为比例较低，在自发状态之下，人们不一定认识到这是欣赏型德育而已。在举国推行素质教育的今天，我们完全可以认为，现在已经到了使教育、德育审美化的自觉程度逐步提高的时候了。

其次，建构欣赏型德育模式是解决实际德育问题与消除困惑的出路之一。

在学校道德教育的发展史上，在世界教育范围之内，我们不难发现这样一个巨大的冲突——道德和道德教育上的"绝对主义"与"相对主义"的矛盾。

在一些人看来，道德规范就是人生的绝对真理，道德教育就是要将这些"放之四海而皆准"的绝对真理交给年青一代。这种关于道德和道德教育的理念使得道德教育成为一个纯粹"规训"他人的道德灌输过程。而在另一些人看来，从来就没有道德上的金科玉律，道德法则是为我所用的工具,道德教育的过程不过是特定个体在教师的关照之下自由选择价值标准的过程。所谓"品德",纯粹是学生进行道德上的"自我建构",而不是任何外在塑造的结果。但是,这样一种关于道德和道德教育的理念,常常会使道德教育变成一种在价值上自由但缺乏目标和标准的游戏活动。这样两种截然不同的理念造就了两类基本的德育模式,我们可以大体上分别称之为德育的"传统模式"与"现代模式"。

德育的传统模式与现代模式孰优孰劣?很难下绝对的结论。从历史的角度看,西方尤其是美国的道德教育有一个明显的模式转换的过程。这一过程一般以"进步教育"运动为界。比较起来,似乎是现代德育模式更好,而且现代德育也的确"战胜"了传统德育。但是,从某种意义上说,"现代"德育的现代性之一是它的价值及其教育理念上的相对主义取向。自由的教育往往使得西方的儿童找不到应有的价值标准。从文化的角度而言,东方社会与东方德育迄今为止实际上仍然主要偏于"传统"模式,道德教育上的"强制"与"灌输"的痕迹十分明显。但是,东方社会的"传统"仍然有其合理之处,那就是我们从来就没有否定过正面价值的存在与必要。就像一些美国教育学家认为中国的基础教育比美国扎实,而中国的基础教育也在借鉴美国一样,道德教育上的传统与现代,"绝对主义"与"相对主义"都各有其合理性,只有在极端的情况下才是有问题的。事实上,在世界范围内,大家都在寻找一条"中间路线"——既传统又现代,既绝对又相对,既强调基本价值的引导又不妨碍道德学习主体"主体性"的充分发挥的综合德育模式。目前我们的困惑在于,虽然"中间路线"的教育理想容易确立,但在德育模式的具体设计上却有一定的困难——要么过分强调正面的价值传授,走回绝对主义的"传统";要么过分强调"现代",放弃学校道德教育的应有使命。

欣赏型德育模式其实就是希望解决这样一个两难问题。我们的基本假设是,道德教育的内容与形式如果可以处理成一幅美丽的画、一曲动听的歌(即实现审美化),那么与这幅画、这首歌相遇的人就会在"欣赏"中自由地接纳这幅画、这首歌及其内涵。道德教育的价值引导与道德主体的自主建构就可以在"欣赏"过程中得以统一,"绝对主义"与"相对主义"的矛盾也就随之消解。因此,欣赏型德育模式可能是消解世界范围内广泛存在的德育困惑的出路之一。

附录 I

二、欣赏型德育模式建构的基本理论假设

欣赏型德育模式建构的基本理论假设主要有如下两点。

（一）德育过程是对学习主体道德自主建构的帮助过程

德育过程从实质上说到底是一个什么样的过程？迄今为止，中国德育界实际上主要信奉的是一种品德"转化"理论，即认为德育过程就是一种学生价值观念的转化过程——教师由外而内向学生灌输价值观念，培养成人社会所需要的品德的过程。"转化"理论作为一种强调"灌输"的理论从根本上否定了德育对象的主体性。正如柏拉图所讽刺的："他们宣称，他们能把灵魂里原来没有的知识灌输到灵魂里去，好像他们能把视力放进瞎子的眼睛里去似的。"[1] 长期以来，中国德育在思想上的某种强制特征"挥之不去"，其教育思想上的根源即在于此。

我们认为，由于人类总体社会实践的作用，祖先们无数次的道德操作实践会在文化心理结构的道德形式方面有

---
[1] 张法琨选编：《古希腊教育论著选》，人民教育出版社 1994 年版，第 111 页。

所遗传，形成了孟子所讲的"不虑而知"的"良知"和"不学而能"的"良能"或"善端"等。这种先天性的文化心理图式的存在从个体来看是先验的，但从人类的总体来看却是后天的。它的存在决定着——即使是0岁的婴儿也不等于道德心理上的"白板"，德育对象一直是道德生活的主体，一直以自己的方式生活于道德之中，理解、掌握、运用着道德规范。因此，不能说儿童在什么时候突然变成了道德生活的主体。教育工作者必须承认儿童具有先天的道德禀赋，德育过程实质上不是由外而内的转化过程，而是由内而外掌握或生成的过程。换言之，道德教育有外表上的"转化"问题，但本质上却是内发和生成或建构的过程。道德教育的起点或道德教育的可能性应是对这一"生成"或"建构"过程本质的承认。德育过程是对学习主体道德自主建构的帮助过程。德育对象与"外在"的道德价值与规范体系之间的关系，只能是一个主宰与工具、生长着的主体与其生长环境之间的关系。德育所能做的事情其实很有限——它只是提供一种有利于道德生长的价值引导环境而已。

提倡道德上的"生成"或"建构"理论并不是说"转化"理论的内涵中没有任何合理性存在。实际上，教育的真正使命就是要实现个体人格和道德范式的"转化"。从教育的事实上看,教育外显的结果也的确是某种客观存在的价值与规范体系"转化"到个体的素质结构中去。创造一定的价值引导的环境从而促进个体的道德进步是学校德育的根本任务。因此,道德学习主体的自主建构过程绝不可以理解为完全放任的自生自长的过程。道德教育中价值的相对主义曾经导致了西方道德教育的混乱。欧美教育界近年在德育理论与实践上也已开始了纠偏的工作,如欧美国家20世纪后期出现的"品德教育"运动等。他们的这一教训是值得我们汲取的。因此,从这一意义上说,"自主建构"和"价值引导"必须同时提出,以形成德育是"价值引导与自主建构的统一"这样一个完整的命题。

不过,"价值引导与自主建构的统一"这样一个合乎辩证法的命题如果不加以限定,其意义就会大打折扣。"自主建构"与"价值引导"孰重孰轻?谁是制约德育过程的根本?在这样一种表述中没有得到充分的反映。换句话说,我们既可以从"转化"理论的角度去理解这一"统一",也可以从"生成"理论的角度去理解问题。我个人认为,价值引导只是真实有效的学校德育的条件,而非德育过程的本质。德育过程的本质是道德学习主体在教育工作者创设的特定价值情境中不断主动和自主地改造自己的品德心理图式，不断实现道德人格的提升。所以，"生成"理论对德育过程本质的进一步合理表述应当是，德育过程的本质是价值引导情境中道德学习主体的自主建构。当然，"价值引导只是真实有效的学校德育的条件，而非德育过程的本质"，这并不是说作为条件的价值引导不重要。正是因为这一条件存在，才会有教育的存在和教育质量的提高。如果从教育者视角出发，也可以将德育过程表述为"德育过程是对学习主体道德自主建构的帮助过程"。

对德育过程中道德学习主体的上述肯定或表述是德育理论逻辑演进本身的必然和正确的结论。但是，"德育过程的本质是价值引导情境中道德学习主体的自主建构"这样一个命题实际上隐藏着一个巨大的课题——我们如何实现价值引导而不至于否定自主建构？换言之，将德育过程理解为"价值引导情境中道德学习主体的自主建构"这样一种新的德育过程观对德育活动有什么样的要求呢？我认为其主要的方面可以做如下归纳。

1.教与学关系的民主化：平等、自由、真实的交往关系

所谓平等，就是要放弃传统的"年龄主义"的居高临

下式的师生观。的确,教师在心智发展的许多方面都要优于未成年人,所以教师在价值上的忠告对于青少年的健康成长非常重要。但是,这并不是说,成年人的价值观念就天然、绝对正确。[1] 未成年人也有可能在价值的判断上占有优势,比如道德情感、想象、直觉判断上的优势等。他们也较少受传统的思维定式的影响。此外,即使在成年人拥有优势的领域(比如逻辑推理),我们所追求的真实德育功效也只能在发挥德育对象的学习主体性的前提下才能取得。所以,德育工作者只能以"伙伴"或"参谋"的身份,也就是以完全平等的身份帮助学生实现道德成长。而所谓自由与真实的交往关系,是说在德育活动中,学生的道德建构活动是完全自主、自由的。诚如杜威所说:"虽然我们可以把马引到水边,却不能迫使它饮水。"[2] 道德教育只能设置一定的教育情境,使学生认识到某种道德原则和规范的真理性、合目的性,进而从自己的心理需求与实际出发自主地决定并以自己的方式去吸收、消化和掌握它。至于学生能否接受教师所进行的价值引导,则完全是学生的

---

[1] 当代西方德育理论已经明确提出了反对道德和道德教育上的"年龄歧视论"的观点。
[2] [美]杜威:《民主主义与教育》,王承绪译,人民教育出版社 1990 年版,第 29 页。

事情，属于学生的"自由"。实际上只有在完全自由的条件下，一个人才可能进行价值上的接受与学习，师生之间的真正的人际交往才可能发生。师生之间的教育与被教育的关系只能是"陶冶性"的。也就是说，所谓德育，只能是教师创造一定的价值情境，学生按照自己的自由意志实现自己的道德反思、吸收和变革。教师与学生的德育关系只能通过一定的价值情境作为中介去实现。

2. "教育内容＝价值情境"：绝对真理和相对真理的统一

在学校德育过程中我们常常遇到这样的情况——教师往往愿意在师生观念上做"现代化"的努力，建立民主、平等、自由的师生交往关系，由于道德教育的内容仍然采取一种传统的价值绝对主义的规定性的安排（比如思想政治课教材），因此教师不得不重新回到居高临下式的说教的境地。所以，真正德育主体性的实现，必须在德育内容上实现价值的开放。主体性德育要求对德育内容进行清理，清除那些没有任何证据的"教条"（doctrine），还德育对象一个开放从而可以自由选择的价值空间。德育内容只能是以一种价值参考材料的方式加以呈现。这里需要说明的是，提倡"开放的价值空间"并非鼓吹价值相对主义。我们之所以提出应当有德育内容上的开放性，是因为只有价值空间上的完全开放，才可能导致学习主体自由从而真实地接受某种价值观念。我们在开放价值空间的同时，必须做到向未成年人负责任地提供必要的价值选择上的建议。我们提倡的道德教育的内容安排应当体现绝对真理和相对真理相统一的原则。"教育内容＝价值情境"这一命题意味着，一方面，引导性的价值内容是存在的；另一方面，价值内容的存在又是"情境性"的。在这样一种情境中，个体可以在一种自由的比较和选择中获得相对正确的价值观念，而情境设计的质量直接关系到德育的实际效果的存在与提高。

3. 教育方法：尊重与要求的统一

主体性德育的理想要求教师在教育方法上首先是对学生人格的尊重。这是毫无疑问的。但是进步主义教育运动等在这一问题上的教训又告诉我们：没有要求就没有真正的尊重。依据主体性的理念，在德育方法上，我们应当摒弃强迫和反理性的教育方式，让德育对象依据自己的理性自主、自由地做判断，而不是越俎代庖地替他们做结论。但这不是说我们可以放弃对德育对象的要求。没有合适的要求，就没有真正意义上的德育。问题是如何求得尊重与要求的统一呢？"尊重与要求的统一"是真正的教育中的"自由"，或者说是德育方法上既相对于过去，也区别于"现代"（进步主义等思潮）的真正的"解放性"特征。

我们认为，将"欣赏"作为核心概念提出，构建欣赏型德育模式是符合上述德育过程观的基本要求的。

(二) 欣赏型德育模式可以有效实现对道德自主建构的帮助

"欣赏"即"审美"，但"欣赏"是一个较"审美"更广泛、更朴实的概念。为什么要建立欣赏型德育模式？最重要的原因在于，欣赏概念本身有其独特的优越性，这一优越性使得以欣赏为核心范畴建构的欣赏型德育模式可以最大限度地实现对学习主体道德自主建构的帮助，克服前述德育过程中出现的诸多异化现象。那么，欣赏这一概念有哪些特性呢？

1. 生动性

首先，生动性是指"对象"的生动。任何审美或欣赏活动都建立在主体与生动形象的对象之间的关系之上。由于对象在形式或外在形象上具有独特的生动形象的优势，因此，欣赏性的活动可以有效地杜绝活动对主体的强制。换言之，欣赏对象的生动实际上为解决德育活动既要价值引导又要避免灌输的矛盾提供了巨大的可能。其次，对象的生动性的必然结果是活动"主体"的生动性。所谓活动主体的生动性，是指在欣赏性的活动之中，主体是自由、投入、兴味盎然的。所以，生动性意味着对象本身自动地吸引教育对象、发挥教育影响，也意味着被吸引而进入欣赏状态的主体的自主与自由。生动性特征对于化解自主建构和价值引导之间的矛盾十分重要。

2. 非强制性

欣赏导致自由，同时以自由为前提。因为没有自由的心境，欣赏活动就不可能开始，所以从过程上看，合乎欣赏性特质的活动实际上就是一种非强制性的自主和自由性的活动。席勒在论述人超越实在实现审美观照时曾经指出，"首先这是外在自由的证明，因为在受必然和需求的支配时，想象力就被牢固的绳索捆绑在现实的事物上。只有需求得到满足时，想象力才能发挥毫无拘束的能力。其次这也是内在自由的证明。它使我们看到一种力量，这种力量不依赖外在素材而由自身产生，并有防范素材侵扰的充足能量。事物的实在是事物的作品，事物的外观是人的作品，一个以外观为快乐的人，不再以他感受的事物为快乐，而是以他所产生的事物为快乐","只有审美的心境才产生自由"[1]。所以,欣赏性的活动最利于主体自由的实现。

3.交流性

人在欣赏或进行审美活动时,即便是独处,实际上也远非一人。这里至少有两层含义:首先,人在审美时,审美主体是既作为个体又作为"类"的。因为只要纯粹的个体囿于自然感性和一己之私,就无法审美。只有超越这种感性和私利,以"类"的身份出现,才能在审美对象中观照到"类"的伟大与空灵。只有作为"类"的一员,才能使个体具有与人沟通的可能性。其次,审美主体在审美活动中实质上是在实现个人与他人、个人与"类"的全息对话,是在进行心与心的交流。这不仅表现为钟子期与俞伯牙式的外在审美关系,更表现为对作品观照时主体"思接千载""视通万里"的内在体验。因此,审美的人实际上是正在进行人际精神交流的人,审美活动具有"交流性"。审美活动的精神交流实际上是人类社会群性的内在表现,道德教育要求实现的人际关系的谐和在审美活动的瞬间乃是内在地实现了的。于是才有这样的结论:"要使感性的人成

---

[1] [德]席勒:《美育书简》,徐恒醇译,中国文联出版公司1984年版,第133—134页、132页。

为理性的人,除了首先使他成为审美的人,没有其他途径。"[1]所以,审美或欣赏的人或活动可能具有较为真实的交流性。交流性可以使道德教育中自主建构和价值引导的统一以及对学生的尊重与要求的有效统一成为可能。

4.包容性

首先,欣赏"包容"了主体的兴趣、意向和自主建构以及实践的可能性。欣赏本身即意味着兴趣。兴趣会导致一定的行动的意向。所以,在欣赏过程中,即使欣赏主体不将自己的价值倾向立即付诸行动,也至少会产生改变道德心理图式和将价值选择付诸实践的冲动。不断强化欣赏的质量与频率,实际上也就可能在不断强化这一冲动。其次,欣赏的包容性指欣赏中的人际关系。欣赏永不排斥"同道",欣赏者总是愿意或乐于与人分享精神上的愉悦的。所以,欣赏意味着人际关系的平等与和谐。换言之,在欣赏中易于建立"真实的交往关系",实现"交互主体性"。此外,如果欣赏还包括对道德学习主体自身的欣赏的话,那么教师易于保持一种对学生的宽容心态,而学生也可能

---

[1] [德]席勒:《美育书简》,徐恒醇译,中国文联出版公司1984年版,第116页。

将自己作为教育自己的资源或工具。所以，欣赏德育是一种价值观上彻底开放的道德教育模式。

欣赏的上述特点也可以概括为欣赏过程的自由本质。而这一本质属性决定着以欣赏为核心范畴建构的欣赏型德育模式可以有效实现对道德自主建构的帮助，可以克服德育过程中出现的诸多异化现象。

三、欣赏型德育模式建构的具体设想

欣赏型德育模式的具体设想主要由以下两个基本方面构成。

(一) 道德学习在欣赏中完成

欣赏型德育模式的具体目标是"道德学习在欣赏中完成"。这一具体目标的实现从逻辑角度可以具体表述为以下几个方面。

1. 师生关系：教师是参谋或伙伴

在道德教育的转化模式中，教师与学生的关系有两个基本特点：一是"教师→学生"的单向关系，二是师生关系的居高临下特性。道德教育就是拥有价值真理的成年人在单方面向学生做道德的说教。欣赏型德育模式所希望建立的师生关系是一种"参谋或伙伴"的关系。在这一关系中,教师的智慧表现在设置情景并隐蔽起来(或退居幕后),学生则成为价值判断和自主建构的主体。这一关系的特质:第一,"参谋或伙伴"是双向或多向的关系;第二,"参谋或伙伴"的关系是平等的关系。这就像风景区游客之间的关系一样,在道德教育中,教师与学生、学生与学生之间,是一种共同欣赏道德智慧风景和交流欣赏心得的关系。当然,与纯粹的游客不同的是,教师还必须是道德风景的设计者和导游人。

如同自主建构和价值引导之间存在矛盾一样,这里教师与学生的关系也存在一种作为普通"游客"和作为"道德风景的设计者和导游人"之间的矛盾。这一矛盾的解决之道就是,当完成了风景的设计、导游的任务之后,教师就应当退居幕后,即使再在教育情境中存在,也只能以一种道德人格的风景或普通的游客同伴的身份出现。教师的作用主要是以自己对道德智慧的欣赏来刺激、启发和带动学生的德育欣赏活动。

2.课程:德育情境的审美化

道德教育的内容就其呈现的形态来说可以有不同的样

式。在道德教育的转化模式中，对道德教育内容的处理往往采取的是一种理性的模式。这一理性的课程模式的特点主要有两个：第一，这一理性往往主要是教师或成年人的理性；第二，这一理性的教育内容的外显形态主要是理论形态的。即使有某种情感或形象上的外包装，教师的、理论论证的主流或本质特点也是不变的。

欣赏型德育所希望建构的德育课程模式的特点是情境性与审美化。所谓情境性，并不是要完全否定道德判断、推理与理论思维等在道德教育中存在的必要。情境性所要求的是道德教育的内容首先应当实现生活化。只有在生活化了的德育内容中我们才能发现道德智慧的生动性，才能真正地激发学生进行自主、自由的道德判断和推理等，建立真正的道德理性。此外，情境性的课程也为道德教育显性课程与隐性课程的沟通提供了可能，学生很容易将显性课程的学习推进到所有的生活领域，这实际上就为学生在更广阔的时空中进行道德学习创造了有利条件。审美化所要求的主要有两点：第一，道德教育应当努力发掘教育内容中的审美因素，即应当精选道德智慧的成果，充分展示人类道德文明的智慧之光（即道德智慧与人格美），让学生在道德价值、道德规范的学习中看到人类自身的伟大与尊严,体会到人类驾驭人际关系的"本质力量"。第二,在道德教育内容的呈现形式上应当努力做到形象、生动、审美化。比如,在教材形式上,可以尝试小学教材故事(寓言)化、中学教材杂志化的形式。又比如,可以适当引进艺术手段作为道德教育的活动形式,等等。当然,最主要的审美化是指日常德育内容审美视野的确立。

3. 过程:在欣赏中完成价值选择能力和创造力的培养

"转化"理论的一个特点是认为道德教育主要是由外而内的过程,因此,教师居高临下的"教导"就是最根本的东西。而在欣赏型德育理念之中,教师的智慧主要表现在设置情景并隐蔽起来(或退居幕后),学生则成为欣赏的主体,也就是价值判断和自主建构的主体。所以欣赏型德育的过程观的第一要求和最根本的要求就是,道德教育应当在欣赏中完成价值选择能力和创造力的培养。为此,教师的工作主要是设置审美化的道德教育情境,鼓励和引导学生对道德智慧进行欣赏,努力让学生形成自己对自己的欣赏——形成欣赏性的评价体系。总之,欣赏型德育的全过程都应当是学生自主欣赏的过程、尊重并发挥教育对象主体性的过程。

"道德学习在欣赏中完成"的目标从时间的角度可以分

解为以下几个具体阶段。

第一阶段:发现与建立欣赏的视角。

事物的存在总是多侧面的。一块石头从一个侧面看非常一般,但换一个侧面看则可能是一种审美的存在。同样,教师可以以纯粹理性或命令的形式将道德规则呈现给学生,也可以选择一种特别的角度让学生认识到这些规则正是一种人类生活的智慧,一种"合规律性与合目的性的统一"的形式。建立道德规范正是给予其"合目的性"的自由活动所必需的翅膀。这样,道德教育内容的"顽强的疏远性"就会在欣赏过程中得到消解。所以欣赏的关键是教师必须与学生共同拥有发现欣赏道德智慧风景的视角。在道德教育的准备阶段,教师的教育智慧主要体现在对这一视角的寻找与建立上。

第二阶段:展现道德智慧与积极人生的美丽。

在德育实施过程之中,一方面,教师在道德教育内容的呈现形式上应当发挥创造性,做到形象、生动、审美化。在教育教学中,德育工作者应当努力发掘教育内容中的审美因素,将人类道德文明的智慧之光(即道德智慧与人格美)充分展示出来,让学生在道德价值、道德规范的学习中看到人类自身的伟大与尊严,体会到人类驾驭人际关系的"本质力量"。另一方面,教师应当探索多种形式,巩固、强化和延续审美体验,促使道德审美的结果影响品德结构、改进行为模式。因此,如何创设"展现道德智慧与积极人生的美丽"的教育形式或可欣赏性道德情境是欣赏型德育实施的关键。

第三阶段:践行审美化的人生法则。

审美的任务是"立美",道德教育的最终目标只能是道德的行动,所以欣赏型德育模式所追求的最终目标也就只能是鼓励学生践行审美化的人生法则。在践行道德方面可以采取的方式主要有两种:一种是审美化的"角色扮演",一种是审美化的真实的道德实践训练。这里所谓的"审美化",主要是建立在两个基本条件之上的。第一,要使学习主体在审美化的心境中扮演或实践;第二,要让学生在行动过程中不断增强对自身活动的反思与审美观照意识,使道德精神与人格之美欣赏或审美成为道德"立美"的动力。

(二)德育过程诸要素的审美化

欣赏型德育的前提是在德育过程中存在可以被学生欣赏的审美对象。德育过程诸要素的审美化是这一模式建构的关键。教育美主要包括教育活动的形式美、作品美和师表美三种主要形态,因此我们可以据此讨论德育过程诸要素的审美化问题。

1. 德育活动形式美[1]的创造与欣赏

美是"自由的形式"——合规律性与合目的性统一的形式。德育活动形式美的创造主要从以下两个方面入手。

第一,"呈示形式美"的创造,即寻找合适的美的呈示形式,向教育对象呈现作为"规律性"存在的德育内容的合目的性。应当正确处理我们的德育内容,使之最充分地呈现出科学美、人格美、道德智慧美等特征。如前所述,这实际上就是一个创造性的"呈示角度"的选择或寻找的问题。当我们只是理性地传授或命令时,德育内容对于教育对象来说往往具有"顽强的疏远性"。而当我们找到一种角度可以让学生在规律性的规定中看到目的性等"许诺自由"的性质时,德育过程就会成为一种欣赏人类的道德自由与人生智慧的"享用性"的过程,一种解放、升华的过程,而不是一个"模塑"的、奴役的过程。因此,我们要呼吁的是,匆匆忙忙的德育工作者应当停下简单追求教学效率的脚步,努力成为人类道德文化智慧风景的导游

---

[1] 可参见拙文《对德育过程的改造——论德育形式美》,《现代教育论丛》1997年第3期。

人——寻找合适的角度,介绍文化的风景。

第二,"活动形式美"的创造,即创造自由的德育活动形式,展现德育主体合乎教育规律地实现"目的性"的教育艺术。如果说德育内容的呈示形式是一种向教育对象"许诺自由"的形式的话,那么德育活动形式美的创造就是一种教师现身说法"施展自由"的过程。德育工作者必须成为表现教育艺术的艺术家。从教育模式、教育方法、教育手段的运用到课堂节奏的把握、声音的运用、艺术手段的添加等,德育工作者都应当追求庖丁解牛式的优雅。极端地说,所谓德育活动形式美,就是一切能够展现德育主体的教育自由的德育形式。德育活动形式美是日常德育活动在精神实质上审美化的结果,借用艺术手段等"借美"的方式是德育形式美的选择之一,但它并不是德育形式美的主要选择,更不是这一形式美创造的全部。相反,当德育主体生硬借鉴艺术手段时,往往由于主体受制于手段(失去自由)而呈现出东施效颦式的丑的形态。

德育活动形式美的创造与欣赏对于德育异化的克服,实现真正意义上的愉快教育,对于教师德育风格的形成以及教育生活意义的确证都有十分重要的意义。

2.德育作品美的创造与欣赏

让德育成为最美丽的风景

所谓德育作品美[1],就是指教学双方共同创造的教育对象的品德之美。学生个体或集体的品德表现与成长势态都是人类本质力量的表现形式,当然也是可以被我们欣赏的美的"作品"。德育作品美可以依据不同角度划分为不同的形式,这些形式是德育作品美创造与欣赏的目标。

德育作品美首先可以分为"个体美"和"集体美"两种形式。"个体美"和"集体美"分别指称学生个体、集体的良好表现与品德成长。它们是师生双方劳动的成果,也是两种现实美的表现。许多优秀的教育工作者都是卓越的"个体美"和"集体美"的创造者与欣赏家。比如,孔子能够做到因材施教的一个重要原因是他能够充分欣赏每一位学生的"个体美"。他欣赏子路的果敢,子贡的豁达,冉求的才艺,认为他们都是堪当重任的人物。苏霍姆林斯基曾经这样感叹:"集体的温柔和善良的情感,集体的关切——这是一种多么巨大的力量啊!它就像一股汹涌的急流,撼动着感情最冷漠的学生。"[2] 他希望学生"能够在自己集体所创造的成果中,看到自己本身的美,看到自己同志的

---

[1] 参见拙文《对德育对象的塑造——论德育"作品美"》,《教育研究与实验》1997年第1期。
[2] [苏]苏霍姆林斯基:《我把心献给孩子》,转引自叶学良《教育美学》,四川人民出版社1989年版,第217页。

附录Ⅰ

美,看到自己集体的美"[1]。"个体美"和"集体美"的创造需要教育工作者真诚欣赏并且充分尊重学生的个性,支持、指导和帮助学生集体的发展。同时还应当注意发动师生双方尤其是学生自己对于"个体美"和"集体美"的欣赏,因为这不仅会让教师与学生在教育生活中获得意义感,而且最重要的是,"个体美"和"集体美"将成为一种能量巨大的教育资源,一种创造新的德育作品美的力量。

德育作品美也可以划分为"成品美"与"情态美"两种形态。德育作品的"成品美"与"情态美"分别指称德育对象已经获得的品德成长和他们积极向上的进取势态所表现出来的美感。教师不仅应当为学生已取得的品德进步而自豪,而且应当认识到教育对象成长的无限能量与开放性。正如一位美国教育家所说:"生龙活虎的学生一个个在我眼前成长起来,这就是一个老师永不停息的创造性工作的成果。雕塑家虽然能将人物塑造得栩栩如生,但毕竟只不过是泥塑而已。而教师则能赋予这些泥塑以生命,还有什么比创造人类生命的工作更令人激动的呢!"[2]苏联教

---

[1] [苏]苏霍姆林斯基:《让少年一代健康成长》,黄之瑞等译,教育科学出版社1984年版,第238页。
[2] [美]贝德勒:《我为什么选择教师职业》,《比较教育研究》1987年第3期。

育学家凯洛夫也曾经指出:"教师站在人们未来专业的摇篮边,因为他应当是第一个能够看出和发展学生能力的人,他应当首先在学生当中看得出什么人是未来的设计师、飞行家、农学家、工程师、医师、工农业劳动者或科学和文化的活动家。"[1] 所以,教师不仅应当看到学生目前的进步,而且应当在学生的勃勃生机中前瞻德育作品美的未来形态,使道德教育教与学双方在欢欣鼓舞或审美创造的愉悦中实现自己的教育目标。

德育作品美的创造与欣赏之间是一种互动的关系。师生双方对于德育作品美创造的投入越多,则审美活动中情感的调动就会越充分,对于作品美的欣赏也就会越深入。同理,师生双方越能欣赏作品美,则作品美创造的动力就越强,那种蔑视个性、无视学生存在的异化了的德育方式也就自然失去存在的理由。

3. 师表美的创造与欣赏

师表美[2],即作为教育主体的教师的人格美,包括"表美""道美""风格美"三种形式,是教育工作者心灵美

---

[1] [苏]凯洛夫:《教育学》,陈侠等译,人民教育出版社1957年版,第71页。
[2] 参见拙文《对德育主体自身的改造——论"师表美"》,《教育研究》1998年第2期。

与外在美的统一。

"表美"即教师的外在形象之美。《法言·学行》曰:"师者,人之模范也。"为人师表首先有外在形象上的规定性。马卡连柯说:"从口袋里掏出揉皱了的脏手帕的教师,已经失去当教师的资格了。""高等师范学校应当用其他的方法来培养我们的教师……怎样提高声调、怎样笑和怎样看"[1]。许多教育工作者都注意到了教师的讲台形象的审美化问题。但教师的"表美"不仅表现在教室里,而且表现在日常生活中。可以这样说,选择做教师的人必须认识到自己在任何情况下都应当表现出应有的修养与品位,教师应当努力成为一道随处可见的文化风景线。这就需要教师将"表美"建设与作为精神涵养的"道美"修养结合起来。

韩愈说:"吾师道也……道之所存,师之所存也。""道美",即教师的道德美或精神美。教师在精神上必须具有崇高的道德境界、文化品位,在生活上必须具有优雅和高尚的情趣与风格,等等。在德育活动中,教师是德育内容走向学生的中介,教师的精神与文化含量实际上是德育质量

---

[1] [苏] 马卡连柯:《论共产主义教育》,刘长松、杨慕之译,人民教育出版社1954年版,第444页、405页。

的关键因素之一,因此教师应当努力建设"道之所存"的心灵之美。

教师的德育"风格美"指的是教师的德育风格之美,是"表美""道美"具体统一的形式之美。当"表美"="道美",即"表美"与"道美"在教师身上相对均衡时,我们称之为"优美"的(德育)风格,因为其精神与文化的内涵能够通过教师的外在形象充分地呈现给教育对象;当"表美">"道美"时,我们称之为"喜剧"的风格,有限的精神与文化内涵通过较为夸张的外在形式表现出来;而当"表美"<"道美"时,我们称之为"崇高"的风格——因为虽然教师的外在形象不足以完全表现其精神含量,但是学生仍然能够通过教师较为质朴的"表"感受到教师身上隐隐然存在的人格与文化的厚重。当然,从审美的角度言之,喜剧、崇高的风格都是有一定的"度"的规定的。当一个教师只有夸张的外表、毫无精神之美时,教师的德育风格是"卑劣"(或"虚伪");当一个教师的精神之美完全找不到自由表达的渠道时,这当然就是作为德育主体——教师的最大悲剧。所以,作为德育主体的教师对于德育风格美的追求,应以"优美""崇高""喜剧"为目标。

从以上论述可以看出，欣赏型德育模式不仅是一种德育的价值追求，更是一种实践的可能性。表面看来，欣赏型德育模式似乎是一个十分专业的德育话题。但如前所述，欣赏型德育模式的确立既是现代道德教育矛盾解决的出路，更是中国教育现代化实践的必由之路。因此，欣赏型德育模式的建构是一项需要全体教育工作者积极参与的伟大事业。

附录 Ⅱ

让德育成为最美丽的风景

——与檀传宝教授谈"欣赏型德育模式的建构"[1]

《公民道德建设实施纲要》颁布以来,无论教育界还是整个社会,大家对学校道德教育的关心程度大大提高。但是如何真正提升学校德育的吸引力和实际效果的问题一直难以解决。"欣赏型德育模式的建构研究"已被确定为全国教育科学"十五"规划国家重点课题,是檀传宝教授在对我国德育问题进行深入研究的基础上,以德育美学观为理论基础的实验研究,有可能对提升我国德育的成效起到一定的作用。基于此,记者就欣赏型德育模式的有关问题与檀教授进行了深入的交谈。

记者:檀教授,欣赏型德育模式这一提法令人耳目一新。我想,您是希望通过"欣赏"而不是"灌输"去实施

---

[1] 本文为作者接受《中国教育报》记者蒋建华专访的原始稿。刊发于《中国教育报》2002年8月3日教育科学版,收入本书时有改动。

德育。您最初是如何考虑这样一个命题的？为什么要建构一种欣赏型德育模式？

檀传宝：首先，为了提升教育质量。目前我国教育实践中诸多教育异化现象虽然不能完全归结为"趣味"的丢失、没有按照美的规律进行教育，但是我们至少会认同的是，教育中严重的功利主义取向，教育中人和人的意义的遗失等，肯定与超越性的缺乏、必要的趣味与境界等审美要素的缺乏有关。因此，教育"质量化"的应有之义是教育的审美化。欣赏型德育模式不过是这一审美化抉择在德育实践上的具体构想。如果说过去的德育相对简单，对规范、约束强调较多，那么逐步走向小康水平的中国社会在教育上是否到了一种不仅强调道德规范的简单授受，而且开始追求道德教育的自由与个性境界的时候了呢？欣赏型德育模式的建构实际上是对学校德育更高境界的一种设计。

其次，解决实际德育问题与消除困惑。在一些人看来，道德规范就是人生的绝对真理，道德教育就是要将这些"放之四海而皆准"的绝对真理交给年青一代。这种关于道德和道德教育的理念使得道德教育成为一个纯粹"规训"他人的道德灌输过程。而在另一些人看来，从来就没有道德上的金科玉律，道德法则是为我所用的工具，道德教育的过程不过是特定个体在教师的关照之下自由选择价值标准的过程。这样两种截然不同的理念造就了两类基本的德育模式，我们可以大体上分别称之为德育的"传统模式"与"现代模式"。德育的传统模式与现代模式孰优孰劣？很难下绝对的结论。比较起来，似乎是现代德育模式更好，而且现代德育也的确"战胜"了传统德育。而从文化的角度言，东方社会与东方德育迄今为止实际上仍然主要偏于"传统"模式，道德教育上的强制与灌输的痕迹十分明显。事实上强制灌输和完全放任都是行不通的，但既不强制又不放任的思路说说容易，做起来很难。在当今世界，大家都在寻找一条"中间路线"——既传统又现代，既绝对又相对，既强调基本价值的引导又不妨碍道德学习主体"主体性"的充分发挥的综合德育模式。欣赏型德育模式其实就是希望解决这样一个两难问题。我们的基本假设是，道德教育的内容与形式如果可以处理成一幅美丽的画、一曲动听的歌，那么与这幅画、这首歌相遇的人就会在欣赏中自由地接纳这幅画、这首歌及其内涵。道德教育的价值引导与道德主体的自主建构这两个方面就可以在欣赏过程中得以统一。

记者：您的解释让我们感到欣赏型德育模式的理论和

附录Ⅱ

实际意义都非常重大,那么您能解释一下您对这一教育模式的深层次的教育思考或者假设吗?

檀传宝:就我个人而言,欣赏型德育模式是经过深思熟虑的。除了我的专著《德育美学观》,近年来有许多关于德育的思考都促使我提出欣赏型德育模式的设想。欣赏型德育模式建构的主要理论依据是,德育过程是对学习主体道德自主建构的帮助过程。

德育过程从实质上说到底是一个什么样的过程?迄今为止,德育界实际上主要信奉的是一种品德"转化"理论,即认为德育过程就是一种学生价值观念的转化过程——教师由外而内向学生灌输价值观念,培养成人社会所需要的品德的过程。"转化"理论作为一种强调"灌输"的理论从根本上否定了德育对象的主体性。长期以来,我国德育在思想上的某种强制特征"挥之不去",其教育思想上的根源即在于此。教育工作者必须承认儿童具有先天的道德禀赋,德育过程实质上不是由外而内的转化过程,而是由内而外掌握或生成的过程。换言之,道德教育有外表上的"转化"问题,但本质上却是内发和生成或建构的过程。

提倡道德上的"生成"或"建构"理论并不是说"转化"理论的内涵中没有任何合理性存在,道德学习主体的自主建构过程绝不可以理解为完全放任的自生自长的过程。"自主建构"和"价值引导"必须同时提出,以形成德育是"价值引导与自主建构的统一"这样一个完整的命题。我个人认为,价值引导只是真实有效的学校德育的条件,而非德育过程发生变革的本质。德育过程的本质是道德学习主体在教育工作者创设的特定价值情境中不断主动和自主地改造自己的品德心理图式,不断实现道德人格的提升。

记者:您的上述想法的确很有理论深度,也很有意思,涉及德育过程的一些基本问题。能否阐述一下您的理论对一些基本德育问题的认识?

檀传宝:欣赏型德育模式建立在我的德育美学观上,从这一基本观点出发构建的德育模式需要对德育过程的一些基本问题进行重新解释。这主要涉及师生关系、德育课程和德育过程几个方面。

1. 师生关系:教师是参谋或伙伴。在道德教育的"转化"模式中,教师与学生的关系的基本特点有两个:一是"教师→学生"的单向关系,二是师生关系的居高临下特性。道德教育就是拥有价值真理的成年人在单方面向学生做道德的说教。欣赏型德育模式所希望建立的师生关系是一种"参谋或伙伴"的关系。在这一关系中,教师的智慧表现在设置情景并隐蔽起来（或退居幕后），学生则成为价值判断和自主建构的主体。这一关系的特质：第一，"参谋或伙伴"是双向或多向的关系；第二，"参谋或伙伴"的关系是平等的关系。这就像风景区游客之间的关系一样，在道德教育中，教师与学生、学生与学生之间，是一种共同欣赏道德智慧风景和交流欣赏心得的关系。当然，与纯粹的游客不同的是，教师还必须是道德风景的设计者和导游人。

如同自主建构和价值引导之间存在矛盾一样，这里教师与学生的关系也存在一种作为普通"游客"和作为"道德风景的设计者和导游人"之间的矛盾。这一矛盾的解决之道就是，当完成了风景的设计、导游的任务之后，教师就应当退居幕后，即使再在教育情境中存在，也只能以一种道德人格的风景或普通的游客同伴的身份出现。教师的作用主要是以自己对道德智慧的欣赏来刺激、启发和带动学生的德育欣赏活动。

2.德育课程：德育情境的审美化。欣赏型德育所希望建构的德育课程模式的特点是情境性与审美化。所谓情境性，并不是要完全否定道德判断、推理与理论思维等在道德教育中存在的必要。情境性所要求的是道德教育的内容首先应当实现生活化。只有在生活化了的德育内容中我们才可能发现道德智慧的生动性，才能真正地激发学生进行自主、自由的道德判断和推理等，建立真正的道德理性。此外，情境性的课程也为道德教育显性课程与隐性课程的沟通提供了可能，学生很容易将显性课程的学习推进到所有的生活领域，这实际上就为学生在更广阔的时空中进行道德学习创造了有利条件。审美化所要求的主要有两点：第一，道德教育应当发掘教育内容中的审美因素，即应当精选道德智慧的成果，充分展示人类道德文明的智慧之光；第二，在道德教育内容的呈现形式上应当努力做到形象、生动、审美化。比如，在教材形式上，可以尝试小学教材故事（寓言）化、中学教材杂志化的形式。又比如，可以适当引进艺术手段作为道德教育的活动形式等。当然这主要是指日常德育内容审美视野的确立。

3. 德育过程：在欣赏中完成价值选择能力和创造力的培养。"转化"理论的一个特点是认为道德教育主要是由外而内的过程，因此，教师居高临下的"教导"就是最根本的东西。而在欣赏型德育理念之中，教师的智慧表现主要在设置情景并隐蔽起来（或退居幕后），学生则成为欣赏的主体。所以欣赏型德育的过程观的第一要求和最根本的要求就是,道德教育应当在欣赏中完成价值选择能力和创造力的培养。为此,教师的工作主要是设置审美化的道德教育情境,鼓励和引导学生对道德智慧进行欣赏,努力让学生形成自己对自己的欣赏——形成欣赏性的评价体系。总之,欣赏型德育的全过程都应当是学生自主欣赏的过程、尊重并发挥教育对象主体性的过程。

记者:在教育界,许多理论都很好,但是这些理论太抽象,无法操作。您的上述想法的确很有理论深度,也很有意思。为了便于大家学习,能否提供欣赏型德育模式的具体操作步骤?

檀传宝:欣赏型德育模式的建构还是一个有待研究的课题,所以我无法谈很多具体的操作法则。但是我比较有信心的是我们可以找到办法,同时我们也有一些初步的建议。举例来说,"让道德学习在欣赏中完成"的目标从时间的角度就可以分解为以下几个阶段。

第一阶段:发现与建立欣赏的视角。一块石头从一个侧面看非常一般,但换一个侧面看则可能是一种审美的存在。同样,我们可以以纯粹理性或命令的形式将道德规则呈现给学生,也可以选择一种特别的角度让学生认识到这些规则正是一种人类生活的智慧,一种"合规律性与合目的性的统一"的形式。建立道德规范正是给予其"合目的性"的自由活动所必需的翅膀。这样,道德教育内容的"顽强的疏远性"就会在欣赏过程中得到消解。所以欣赏的关键是教师必须与学生共同拥有发现欣赏道德智慧风景的视角。在道德教育的准备阶段,教师的教育智慧主要体现在对这一视角的寻找与建立上。

第二阶段:展现道德智慧与积极人生的美丽。在德育实施过程之中,教师的任务可分为两个方面。一方面,在道德教育内容的呈现形式上应当发挥创造性,做到形象、生动、审美化。在教育教学中,德育工作者应当努力发掘教育内容中的审美因素,将人类道德文明的智慧之光充分展示出来,让学生在道德价值、道德规范的学习中看到人类自身的伟大与尊严,体会到人类驾驭人际关系的"本质力量"。另一方面,应当探索多种形式,巩固、强化和延续审美体验,促使道德审美的结果影响品德结构、改进行为模式。因此,如何创设"展现道德智慧与积极人生的美丽"的教育形式或可欣赏性道德情境是欣赏型德育实施的关键。

第三阶段:践行审美化的人生法则。审美的任务是"立美",道德教育的最终目标只能是道德的行动。因此,欣赏型德育模式所追求的最终目标也就只能是鼓励学生践行审美化的人生法则。一种是审美化的"角色扮演",一种是审美化的真实的道德实践训练。

附录Ⅲ

美学是未来的教育学

——兼论现代教育的审美救赎[1]

感谢北京师范大学第二附属中学对我的邀请,我非常高兴和大家分享与德育美学观、欣赏型德育模式有关的心得。

我想把今天的演讲分成两部分。

第一个部分,讲点德育美学观与欣赏型德育。这对于在座的某些老师来讲是"复习",因为北师大二附中从事欣赏型德育模式的试验多年,许多老师已经比较熟悉我的观点;而对于外校来旁听的一些老师来讲可能是一个"预习",因为来听讲的,显然多是对欣赏型德育有兴趣但又未必特别了解的。我首先把我所一直倡导的德育美学观、欣

---

[1] 本文原系作者于 2013 年 3 月 2 日在北京师范大学第二附属中学的演讲记录。后经李思齐整理、作者本人审阅修订。本文修订等工作得到北京师范大学教育学部 2014 年度科研业务费专项资金资助。本文已经见刊于《中国教育科学》2015 年第 1 期,中国人民大学《复印报刊资料·教育学》2015 年第 6 期转载。

赏型德育模式稍微给大家回顾一下，算是温故而知新。

然后第二个部分，才是这个PPT（演示文稿）上演讲的主标题所揭示的命题——"美学是未来的教育学"，副标题叫作"兼论现代教育的审美救赎"。

大家看，主标题"美学是未来的教育学"这句话是加了引号的。之所以加引号，有两个原因。一个原因是，这句话是一个隐喻。你要当真，以为未来只需要美学而不要教育学，那当然是不行的。另一个原因是，这句话我算是用典了，它实际上修改自高尔基小说《母亲》里的一句格言"美学是未来的伦理学"[1]。我坚信：人类生活实践最终、最高的境界，都与美、审美有内在关联。故就最高境界来讲，美学可以是任何领域未来的"××学"！所以，这里我就用了"美学是未来的教育学"这样一个加引号的命题。其实我认为，美学是未来的教育学，也应当是当下的教育学。

总之，今天我想集中讨论，美对教育，到底意味着什么。

同理，我也无数次认真想过，我们到底怎么看德育美

---

[1] 中国美学家也有类似倡导，参见陈望衡《美学是未来的伦理学》，《江海学刊》1997年第4期。

学观、欣赏型德育模式？你也可以从不同的角度去看。你当然可以把它看成是很有意思的班会、很有意思的课堂、很有意思的教育模式等，但如果你深究的话，德育美学观、教育美学，或者，美学给教育带来的最重要的、最根本的、灵魂性质的东西，肯定不仅仅是这些。那么，最重要的东西是什么？需要我们耐心探讨。

一、德育美学观与欣赏型德育的基本构想

我先来解释一下我为什么那么长时间（已经二十多年了）一直在宣传德育美学观和欣赏型德育模式。

我之所以非常非常愿意来这里演讲，首先一个非常重要的理由是，在座的各位差不多都是我的同道。北师大二附中这么长时间一直坚持做欣赏型德育模式的探索，其他兄弟学校的老师也一定是对这个课题感兴趣才主动来参与的。这是真正意义上的志同道合的"同志"。当然，之所以愿意来，还有一个更重要的原因就是，德育美学观、欣赏型德育模式的建构仍然是一项未竟的事业——如何在教育、德育过程中真正借鉴审美精神，如何对德育中的师生关系、教学、活动做审美化改造，如何处理艺术手段的应用等问

题，仍然需要大家不断探索。我相信，越往后大家就越可以明确地体会到：德育美学观、欣赏型德育模式所追求的方向是合乎时代潮流的。所以，有一批沿这个线索去推进德育乃至教育境界提升的学校，非常重要。我确信：整个中国，这个时代，都需要有一批教育工作者率先开展"美学是未来的教育学，也是当下的教育学"这样一个思路的探索。

我之所以研究德育美学观，后来提出欣赏型德育模式，最根本原因是我对德育的弊病的一个判断。我认为：世俗意义上的（粗俗的）功利主义（严格意义上讲，到现在我也不知道用什么词去描述这一现象。我在学校讲课的时候，曾经有学生问我，你这里的功利主义和穆尔、边沁等伦理学家的功利主义是不是一回事。我认为有联系，但好像又不完全一样。我后来想过用实利主义、实用主义，但都不是非常合适，所以姑且还用"功利主义"一词）是德育乃至整个教育的最突出的毛病之一。我所谓的功利主义，其实就是当下社会普遍存在的最庸俗的实利主义，一种赤裸裸的、物质的、充满欲望的功利主义，一种只求"来现的"功利主义。

总之，我认为德育实效很不好的重要原因之一就在此处。比如说,德育这么重要的一项事业,从一定意义上说,始终仅仅是被当作工具看的——在很多人眼里,德育只是片面达成某种社会政治目的的工具。而只要是做工具的,那肯定是可要可不要、要怎么摆弄就怎么摆弄的。这样就肯定没有什么独立性、规律性,没有绝对价值可言。如果没有一个最最根本的原则被尊重、什么东西都可以权宜的话,那么这个事情肯定做不好。德育、教育都有这个问题。

功利主义的另一种表现就是在日常生活中,我们以"解放自我"为名义,慢慢地把自己导向和动物越来越近的方向,就是赤裸裸的生物欲望所代表的那个方向。这种方向也是对德育的一种深深的侵害。因为当这些被看作最重要的东西时,所有的高级需要及其追求就都被边缘化了,就不可能有真正的德育效果了。人类道德,比如说父慈子孝、兄友弟恭、尊师爱生,都让我们超越动物界,而不是任由丛林法则在起作用。我最初研究欣赏型德育美学观,是因为我认为我们的德育效果不好,罪魁祸首就是这个功利主义,或者说是实利主义。

那么,为什么会想到用美学来解决功利主义这个问题并建构我的德育美学观呢?一个很重要的原因在于审美本身具有的超越性特质。或者说,审美本身具有非功利性。

比如当你欣赏一个人体模特时，欣赏的视角一定是指向人体的形式方面——比如说女性皮肤的光洁、形体的匀称，或者男性的肌肉所表达的力量感，如此等等。这些都是事物的形式的方面。如果你走向了实用或性欲望满足的方面，你也可以兴奋起来，但那已经不是审美。比如，娶人体模特做老婆或者追求他做老公，虽然也是人的一种正常的情感，但它指向的是实用的方面。再比如，当我们说一个水杯"漂亮"的时候，我们指的是这个水杯的颜色、质地、造型等，绝对不是指这个水杯能装多少水、能如何解渴。所以，审美本身具有非功利性、超功利性。而我最早关注美育和德育、美学和教育学的交叉，是因为我觉得功利主义的救赎必须从非功利、超功利的逻辑开始。

按照这个思路，后来我建构了我命名为德育美学观的三个基本理论："审美育德论（即证明美育可以增进品德发展）""立美德育论（讨论德育如何审美化）""至境德育论（讨论德育应当追求的境界）"。我的德育美学观的核心内容其实就是这三"论"。[1]

这三个部分，都有对教育、德育之审美精神的追求。

---

[1] 参见拙著《德育美学观》，山西教育出版社 1996 年版、教育科学出版社 2006 年版。

比如说在"审美育德论"中,我论证而且相信:只要符合审美属性的东西,都对人格的修复、人性的养成有积极的增进作用。当然我也相信,美学并不能完全取代或代替德育。这就像间接的德育课程很重要,可是无论数学老师再怎么言传身教,数学老师终究是不能完全取代思品老师的。比如,数学老师既没有时间,也没有专业能力去系统地讲授一个国家的宪法之类的课题。这里也是一样,美育特别重要,只要在做美育,从某种意义上讲,就是在做德育。但是,美育又不等于德育,不能也不应该取代德育,更不能异化为德育。实际上,德育、美育都不能相互取代。

在"立美德育论"里,我们主要讨论三个问题,即如何应用美学原理看学生和教师、看德育之"德"、看德育之"育"(及其变革)?如果我们能够把对学生的视角调成审美的视角,如果我们以审美的视角看待德育的内容与形式,就会有两个方面的作用。

一方面,它会极大地强化我们教育生命的意义,使每一个从事德育和教育的人,都有生命的充实感和幸福感。因为你会觉得这些东西是非常生动、美好的,是非常肯定我们主体价值的东西。首先,老师最大的幸福,莫过于观照到自己学生的成长,而且这种成长是与自己有联系的成长。不管那个老师有没有用"幸福"这个词,只要他班上的学生有所成就,那么学生成就本身于他就是幸福的源泉。还有呢,当一个教师为自己的教育形式、教育风格自豪的时候,他能让自己的学生在自己的课堂上不亦乐乎的时候,他一定是幸福的。他能够有高度的自信,展示自己的优雅的时候,他一定是幸福的。而幸福感和美感有时候是一个事物的两个侧面而已。你会发现,"立美育德"不光是就学生发展而言的,对于我们自己的教育人生来说也是非常有意义的。

另一方面,如果你参透其中的美学奥秘,迁移到我们的日常工作上,成为自己的教育观、方法论,我们就能发现:原来我们可以这样改造我们的教育,我们可以用审美或欣赏的眼光去看待学生,我们可以用审美的原则去改造我们自己的形象、教育活动内容与形式,使之发挥最大的教育功能、德育功能。我们可以用审美的原则去改造我们的教学内容和形式,使之成为有境界的、有教育乐趣的、能够让学生"乐在其中"的乐学的对象。你会发现,虽然"立美德育论"从某种意义上讲还是教育学的理论,还是集中讲对德育实效的提升,但是这一实效又远高于科学意义上的绩效,它远超过那个东西。所以,立美德育论对于德育来讲，首先是非常重要的一个教育观、方法论。它跟美育育德的不同之处在于，美育育德是在德育过程之外，而如果要由外到内，则首先是德育过程的审美化改造——除了学生、老师，还有师生德育互动的内容、形式的改造，等等。

至于"至境德育论"，则是一个境界追求问题了。关于道德教育，我们在教育上所用的方法是存在不同境界的。首先，我们可能会"贿赂"学生去追寻道德。有时候，在某些年龄段，"贿赂"也是可以有德育效果的。在某些年龄段，大家去看品德心理学的话，那本来就有一个道德判断的惩罚定向、互利互惠阶段。也就是说，在一定阶段为了让孩子知道对错，你贴一朵小红花，或者说是用更物质的方式，给点压岁钱、买个小玩具之类的刺激，确实也能起到一定的德育作用。但是要知道，那种境界肯定不是德育最高的境界。因为那种境界在品德发展里面，属于前道德阶段，个体根本还没有领悟到道德规范本身的意义，即教育是用道德以外的东西去诱导人的，所以我称之为"贿赂"。第二种境界呢，我们是用片面的社会规范去"规范"学生。这已经涉及道德本身了，因为是用道德规范本身去约束我们的学生。但是这种道德教育所宣扬的所谓的社会规范，往往只是赤裸裸地单方面强调家庭、社会、国家的重要性。我们当然不能说家庭、社会、国家的利益不重要，但如果这些利害与每一个个体没有关系，它就会违反基本人性，也会显得非常没趣，失去生动。所以最好的德育境界，肯定不是这种境界。我坚定地认为：只有当一种教育，能够让我们的学生充分欣赏到道德人格之美、道德智慧之美、道德生活之美，对道德生活的高贵与自由心向往之，没有任何牵强、非常乐意地去接受社会规范对他的约束（或指导、帮助），非常高兴、自豪，精神上非常愉悦地接受道德教育内容的时候，那种德育才是最好的德育。这就是我所主张的"欣赏型德育（模式）"。

大家应该都知道大美学家、美育家席勒。席勒的《美育书简》应当是每一个教育工作者的必读书。席勒曾经用三种"国度"来描述三种教育或人生境界——"力量的国度""伦理的国度""审美的国度"。"力量的国度"只有自然法则、丛林法则。没有道德的动物式生存，那肯定不好。"伦理的国度"有道德规范，但是太过强制，显然也不是理想的人生。所以他认为人性如果要真实、完整，人生就应当像儿童沉浸在游戏中一样，陶醉在自己的工作中、学习中，那个时候人性才是最充盈、最完整的。这就是所谓的

"审美的国度"。"审美的国度"在他那里也被称为"自由的国度"。德育美学观、欣赏型德育模式所追求的最高境界,正是这个审美或自由的教育境界。

二、让德育成为最美丽的风景

欣赏型德育模式最主要的理论基础,也就是上述德育美学观中的"审美育德论""立美德育论""至境德育论"。我在讲欣赏型德育模式的时候,一直有一个感性的口号,就是要"让学校德育成为一道最美丽的风景"。这就类似于开头所讲的"美学是未来的教育学"了。

我们提出欣赏型德育模式,除了反对刚才讲的实用主义的逻辑,还有一个非常实践性的考虑。这是后来我自己琢磨出来的。我觉得除了功利主义,全世界的德育,包括中国的德育,一直在两个极端之间徘徊,即要不就是"绝对主义",要不就是"相对主义"。

什么叫"绝对主义"呢?就是"我是真理,你听我的"。当然,这个"我"可以是国家,可以是学校,可以是某一个班主任、某一个老师。当教育的一方认为自己握有绝对真理,别人只有听他的份的时候,这就是所谓的绝对主义。这在教育形式上最典型的表现就是所谓的强制灌输模式。在我们国家,一直到现在,强制灌输式的德育还为很多家长、社会人士、非专业的教育工作者所欣赏。他们认为这样的教育在"效率"上还是挺"管用"的。但事实上,这种德育,这种近乎"力量的国度"的东西,即使在某一个阶段暂时有效,但从总体上讲,它是无效的。比如,一个小孩不礼貌,一只手捧茶给爷爷。作为家长,你可以一巴掌打下去,马上就可以改变他的动作,教会这个小孩用双手捧茶给爷爷的礼数。但是,当这个小孩抹着眼泪用双手把茶杯再次递给爷爷的时候,就其对爷爷的"孝敬"来讲,肯定是更少而非更多了。双手捧茶水给长者这一礼数所要表达的实质,其实是价值而非规范。而价值的东西,如果情绪上抵制,那要让他接受这个价值就不可能了。当然,有时候外行的人觉得这还是挺"有效"的——你打了他,他马上就改过来了,怎么没效果?这当然有效,只不过这种"效果"在某种意义上来讲是"饮鸩止渴"的功效而已。在某些特殊发展阶段或教育情境,偶尔用这种方法未尝不可,但是这终究不是最好的教育形式,没有真正意义上的教育效果。在一个价值多元的社会,在一个互联网时代,这种德育将越来越行不通。因为有太多的不同意见在那里，你还想强制让人家接受一个也许本来就不怎么样、遭人情绪上反感的价值观，这怎么可能呢？所以强制灌输是没有未来的。中国在德育上吃苦头最多的，是许多人都坚定认为强制灌输是对的。很多时候，许多教育政策与实践所奉行的其实都是粗俗的功利主义哲学，我们奉行的还是强制灌输的模式。到目前为止，这种思维惯性还很大。当然，我批评强制灌输的时候，并不是说中国的德育实践都是强制灌输的。我相信在座的听众也许都不在批评的范围之内——因为大家是尊重教育规律、反对强制灌输的，我们学校的德育也许也因此非常生动、主动。

"相对主义"的德育，主要存在于欧美一些国家、地区的学校。这一局面的形成基本上也有两个原因：一个是在教育内部对儿童的尊重，另一个是对教育之外的思想自由的追求。出发点都是把更多的价值选择权还给儿童。这本来也是对的，因为任何价值观念的学习，如果离开学习主体的自由选择就是强制灌输。可是，如果我们把所有的自由，无条件、一股脑地给孩子们，这种"教育"还能称之为德育吗？如果孩子做什么都行的话，德育当然就没有了！很多西方的德育理论与实践（不是所有的）很容易让人误入歧途。西方社会价值观念的混乱与其过于放任的教育思维密切相关。其实,中国社会也有类似问题。很多在网络、媒体上自由传播的好像是"最先进""最解放"的思想,往往是最粗俗也是最落后的。比如马诺姑娘讲的那句"宁愿在宝马车里哭,也不愿在自行车后面笑",就曾经让举国愕然。这个时候你就会发现,为什么她敢那样讲?因为她认为在价值观上自己比他人都"先进":你们太老旧了,太老套了,太落后了,我才是"最先进"的!不然的话,你想,在电视节目里,在众目睽睽之下,她怎么能够那么自豪地鼓吹买椟还珠这种极其无聊、错误的价值选择呢?总而言之,在当下的社会和教育环境里,相对主义也越来越多了。但是,相对主义的结果往往是没有底线的,什么都行——尽管事实上,任何社会都不允许什么都行,即便是自然法则也不允许什么都行。人类社会最低的要求也是要过一个区别于动物的生活,最高的要求是过越来越高贵的生活。为此我们肯定要对自己的社会生活有所要求。所以,这个相对主义(自由放任)的教育形式,跟绝对主义的教育形式(强制灌输)都会导致德育效果的降低。

那么,怎么才能使德育取得它应有的效果呢?我觉得德育既不能是绝对主义,也不能是相对主义,我们应该找一条中间道路:你既教人,但又不强迫人;你所施教的,又正是能够使人不亦乐乎的。这样,你既照顾了学习者的兴趣、主动性、创造性,你又教会了别人某些有价值的东西。你教了,区别于相对主义;学生在接受你所教的东西时不亦乐乎,这又区别于强制灌输。

故欣赏型德育模式有一个基本假设,这里许多人耳熟能详。这个假设就是——

> 如果德育的内容与形式能够经过审美化改造,德育能够成为一幅美丽的画、一曲动听的歌的话,那么与这幅画、这首歌相遇的人,就会在欣赏中自由地接纳这幅画、这首歌的内涵。

如此,刚才讲的这个绝对主义和相对主义的毛病,都会在对德育美的自由欣赏中自动消解。因为在自由、审美的欣赏中,一方面,自由使你区别于强制灌输的教育观念;另一方面,这种审美活动又有特定的对象,所以他一定会接受特定的某种教育。所以,最关键的问题在于,德育的形式和内容有没有成为那幅画或那首歌?换言之,我们的教育内容有没有可能具有"可欣赏性"?因为审美的前提是美的存在。

附录Ⅲ

有些人问我，檀老师你讲的欣赏型德育模式是不是就是"赏识德育"？其实欣赏型德育跟赏识德育有很多区别。最基本的区别就是，只要做正确的事情你都可以"赏识"，而"欣赏"的前提是所观照的对象有审美意义上的"可欣赏性"。换言之，欣赏具有审美意味，欣赏的要求比简单的"赏识"要高很多。比如，你看见一个愁眉苦脸，但合乎规范的学生，你会欣赏他吗？你可以表扬或者"赏识"他：你今天很不错哦，你很合乎规范，但是你绝对不会"欣赏"他。你欣赏的学生，一定是那种流露出近乎天性的道德之美的孩子——这孩子真淳朴、善良，这孩子真有教养，如此等等。因为，这个时候你从这个学生身上不仅发现了道德，而且观照到了道德的自由。就是说，如果一个学生只是被动、勉强地遵守纪律，你当然可以肯定（赏识）他，但你绝不会欣赏他！

简言之，如果我们能够使德育内容与形式的结果审美化改造而具有审美意义上的"可欣赏性"，那么欣赏型德育模式差不多就接近完成了。

我们可以用一些例子，讲有没有可欣赏性。比如说，我们教的那些道德规范，你纯粹从伦理规范角度去阐释它，也是一个教育的思路。但如果你从一个智慧的角度去看它呢？那学生的内在学习兴趣就会被大大激发起来。道德规范实际上是你为自己人生着想的应然选择。试想，我们立一个无谓的社会规范来纯粹约束自己、让自己不痛快，怎么可能？人类不可能愚蠢到这种程度。所有为我们自身制定的这些道德规范，都有合目的性。问题在于，我们如何让学生在这些伦理规范中看到合乎我们人性、合乎我们自身幸福生活目的性的东西？

孔夫子在《论语·宪问》里提出学习有两种途径，即"古之学者为己，今之学者为人"。这是什么意思呢？就是说，孔夫子认为现在很多人学习是为别人学的，比如今天来开会的，有人可能仅仅是因为要签到、要符合考评要求而来，并非为了追求学习的内在乐趣。而真正的学习，肯定是"为己"的，即是为自己人生境界的提升、为自己安身立命服务的。所有教育学专业知识技能的学习，如果只是校长命令你去学，你肯定会很不愉快。相反呢，你自己觉得要把这个教学琢磨好，要怎样才能使自己在课堂上变好，甚至将来更好？这种时候你就处在一种兴趣盎然的内在兴趣状态。所以在不同的课堂，教育的"气象"完全不同，一个是非常异化的空间，另一个则是自由的空间。你自己的事情，你自己愿意做的事情，这就是"为己"之学。

同理，当道德成为"为己"之德的时候，道德就不再是我们的敌人。所有的道德规范，只有把其"为己"性给学生揭示出来，让学生认识到这是人生的智慧的时候，学生才会豁然开朗去想：老师，原来是这样啊，原来应该这样看待事情！

我们可以举很多例子，比如说我很欣赏老子的两句话："生而不有，为而不恃。"《道德经》本来就没多长，但这句话在不同的地方一共重复了三次以上。其中一次，老子是做了详细解释的。他说：你去看啊，大地会生长出万事万物，但是大地并不试图占有它。你看大地有多大的功德，但是它从来不吹牛、不骄傲！创造而不占有，有为而不自大，这才是最玄妙、最根本的道德，即"玄德"。这个时候，你会不会觉得道德具有美感？你是否会心向往之？相反，如果你只是简单地让一个学生遵守某个道德规范，不去做这种合目的性角度的解读的话，任何让人限制自己的利益、本能的道德要求的达成都是最困难的任务。你让他超越私利，你让他公而忘私，本来都是比较难的。可是，从老子这个角度来讲，从这一刻，他会有感动、感悟，原来可以这样思维，很多事情全想开了！相反呢，我忘记是哪个哲学家讲的，一个吝啬的人对待财富的方式就像是一只手攥着一把沙子，攥得越紧，沙子流失得越快。我不能继续往下讲，我是想强调，当道德的规范、价值的观念，成为一种文化智慧被学生欣赏的时候，其实它就具有可欣赏性了。这个教育内容就已经有可能被学生欣赏了，这就已经是一种可欣赏性的德育内容处理了。

同理，道德人格、境界等也一样可以做审美化处理。在我们的德育活动中，如果我们能够把道德智慧、道德人格、道德境界等，那种人性的光芒给展现出来，实在是美好的实践！德育就可能犹如那个西施本身的美、那幅画本身的美、那首歌本身的美，它会用自身的魅力自动、自然地吸引我们的学生，根本不需要我们有任何强制。当然，再好的德育不可能一蹴而就，需要一个长期涵养的过程。但是如果我们能坚持这样做的话，实质的功效肯定会比在短期内那种饮鸩止渴的方法要好很多。最为关键的是，这种德育，是一种最合乎人性的教育方式。因此，这一德育实效的真实提升，就不光是当下绩效的改进，而且是在教育的最终目的的实现这个角度上最有效的教育！

以上是德育内容的处理。我们再来看德育形式的审美化改造。

德育形式是我们大家要特别注意，又要特别警惕的东西。"德育"只有"德""育"两个字。德的问题是德育的内容,如前所述我们是可以做审美化处理的——如果我们想办法,对教育内容做审美化处理的话,那道德智慧、人格也就比较美好,道德境界也就比较令人心向往之。这些都可以理解为"德"的改造。那么,"育"的改造呢?"育"的改造,当然就是教育形式的改造。关于德育形式的审美化改造,教育家们很早就考虑过,中国古代就有"诗教"跟"乐教"之说——古人认为我们可以用诗歌、音乐去教化我们的民众跟学生。古代教育当然没有现在的德育、智育、体育这样逻辑化的区分,教育就是整体人的教化。而人的教养的形成可以通过诗歌去完成,通过音乐去完成。你看孔子的"兴于《诗》,立于礼,成于乐",就是一个最典型的例子。孔夫子告诉我们,只要稍微运用一些审美手段,我们就可以使我们的教育或德育变得很有趣、很生动、很美妙。所以你看,教育的外观也可以是非常美的。

《论语·先进》中还有一个非常美的案例,就是"(曾点)曰:'暮春者,春服既成,冠者五六人,童子六七人,浴乎沂,风乎舞雩,咏而归。'夫子喟然曰:'吾与点也!'"现在我们的教育形式已经变了,因为以前是比较个别化的教育,那个时候"冠者五六人,童子六七人",是

"游学",是非常高也非常美的境界。我们今天是班级社会制占主导的一种教育体制,只有在很少的情况下我们才能带着我们的三五个学生到某个风景优美的地方,才有这种美妙的瞬间。大多数情况下,我们都是常规的班级制。但是这不等于说,我们一定没有机会达到孔夫子非常赞同的"浴乎沂,风乎舞雩,咏而归"的教育境界。可能形式变了,但是那种教育的美好依然是存在的。所以,从教育形式来讲,最重要的就是两个东西:一个是用一些技法让我们的教育变得生动;另一个就是,最终生成的教育的结果、教育的境界是美好或是美丽的,或是具有"可欣赏性"的。

我们在欣赏型德育的学习与实践当中也积累了一些例子可以确证以上结论。

比如说对于爱国主义教育的处理——"在地球上旅行"。苏霍姆林斯基的"在地球上旅行",就是带着小朋友沿着铁道线想象在祖国各地旅行。这是把牵强的爱国主义教育变成用祖国自身的美好来自然增强孩子对于祖国的归属感、亲近感的宝贵探索。我们曾经用这个案例的原理去推动了一些地方(如珠海、杭州等地)类似德育活动的审美化改进。"在地球上旅行"看起来好像只是一个具体的做法,可是背后啊,在我看来就根本不是一个偶然的教育案例。其机理完全符合德育美学观、欣赏型德育的基本原理,类似探索非常有前途。

另一个案例就是"美丽整洁的校园也有你的一份功劳"。香港一所小学的那幅标语可能是无意识写的,但它却把多重德育欣赏关系都巧妙地展示出来了。这里所谓"欣赏关系",至少有三种以上。第一,是"美丽整洁的校园"这几个字的意味。从某种意义上讲,"美丽整洁的校园"就是孩子们的作品。因此,这里有孩子们对他们的道德、劳动作品的欣赏。通过对作品(结果)的欣赏,去促进孩子的正向价值观念,是非常重要的一个德育方式。第二,是对道德智慧的欣赏。什么叫智慧呢?这幅标语实际上是在告诉孩子们,你看我们学校这么干净,其实只要我们每一个人稍微注意一下言行就行了。只要我们稍稍注意,我们的生活就更美好的道德智慧的宣传就在一句简单、朴素的口号里面。第三,是鼓励孩子对自我道德成长的欣赏。因为"美丽整洁的校园也有你的一份功劳"这个标语明确强调美丽整洁的校园有"你"的一份功劳,是指向孩子们自己对自己的一种欣赏的。这一标语背后的机理也是德育美学观、欣赏型德育,尽管香港那所学校未必是自觉的。在欣赏型德育模式的试验中,我们应用这个案例开展了许多德育活动的审美化改造。

从孔夫子时代一直到今天我们对欣赏型德育模式的建议，实际上有充足的理论和现实基础。我们许多学校已经有实质性收获，也许从某种意义上讲探索可能还不很成熟，但是到目前为止，至少知道很多学校是尝到了甜头的。比如北师大二附中。二附中可能还有很多缺点，但是二附中有非常了不起的地方，比如他们对欣赏型德育的追求是非常自觉的追求。有一次曹校长跟我讲过一句由衷但正确的大实话：檀老师，作为一所高中，学校不重视高考是不可能的；但是我们北师大二附中认为，高考成绩的提高，应该是孩子全面、自由、健康发展的当然产物！我觉得这就行了。在目前，这种认识就是最现实又最具智慧、最有境界的一种选择。倒过来讲，很多学校，在改革的时候，最怕的一点是什么？是学校的高考升学率下降了怎么办？我看关键问题是，你是怎样改。在我看来，如果符合教育规律，如果改革所需的条件都准备得比较充分，而不是看一个必要条件，改革就一定能提升学校办学质量。有很多时候，很多学校强调一个对的东西，可是那个对的东西只是必要条件之一，不是充分条件。这时如果你把一个必要条件无限夸大，这个东西虽然重要，但是由于你忽略了别的东西，真的可能会导致高考升学率降低，这一点都不奇怪。但倒过来也有一点，如果是因为你忽略了其他条件，即使改革失败了，也不是说最初那个必要条件（方向）是错的，不是说你坚信的那个价值观是错的，不是说你做的那个选择是错的，是因为你别的条件准备还不充分。北京师范大学的教育学研究者和二附中老师，咱们就是一个马路之隔。如果处置得当，我们教育学所鼓吹的所有东西，尤其是那些经过历史与现实检验真的是正确的东西，不可能在二附中实验的时候，把你们的升学率搞下去，这是不太可能的。最关键的问题是，怎样让这种变革的可能性经过我们自己的努力变成现实性。就欣赏型德育模式的探索而言，到目前为止，我们还有许多稚嫩的地方，但很多方面已经有踏踏实实的进步。比如对欣赏型德育模式的探索，在班级文化的改造方面，在学校文化的改造方面，二附中已经有非常大的变革。当然，二附中一直有重视人文精神培育的传统，这也跟我们欣赏型德育模式所追求的方向是完全契合的。从这个意义上讲，我不仅是大家在某些具体事务上的同事，而且更是这一类型学校的教育事业上的"同志"。

现在所谓的好学校，这个"好"字有太多的含义。有时候这个"好"是教育学生全面发展的好，有时候这个

"好"仅仅意味着升学率比较高。比如某一个省升学率最"好"的学校,就是上课"零抬头"的"好"。像这样的学校,高考升学率再高,一定是教育的"恶",是全世界教育学家一致批评的"恶",而不是真正的"好"。当然迄今为止,还有一些家长会认为那所学校是"好"的。理由很简单,它让我的孩子上重点大学。所以,我觉得需要反复强调一点:教育学生全面发展的好、合乎教育规律的好,才是我们发展的正确方向,才是真正意义上的好。而更重要的是,美好,美好,最终是要因美而好才行!

以上所讲的都是欣赏型德育模式,下面让我们再回到最大的命题"美学是未来的教育学"。

三、建立教育活动评价的第三标准

说实话,我为什么要起这样一个题目,准备以这样一种随意的形式演讲呢?原因之一是我不愿意引经据典、烦琐论证,我愿意沉淀以后用更加澄明、简单的方式与大家交流。

前面已经说过,高尔基有一个非常好的命题:"美学是未来的伦理学。"他的意思,其实也就是欣赏型德育模式所追求的那个意思,即伦理要真正发挥现实的作用,一定要让伦理之美发挥效用,然后人们才能自由接纳道德规范与价值,也才可能有真正有效的伦理实践。所以的确,"美学是未来的伦理学"!这里,我把它改成"美学是未来的教育学",意思是类似的,教育学只有获得美学的灵性,才是真正、完整的教育学,才能具有真正提升教育的品格。

十多年前,我曾经在《中国教育报》上发表过一篇不太长,但是很重要的文章——《教育活动评价的第三标准》[1]。之所以说它重要,是因为到目前为止,对教育活动的评价,一般来讲我们实际都只承认两个标准。一个就是合目的性标准,即"善"的标准,认为教育要合乎社会发展的需要、要合乎孩子们成长的需要、要办好人民满意的教育,等等。另一个呢,就是合规律性的标准,即"真"的标准,如尊重儿童发展的规律,尊重课程理论、教学理论、教育管理等一系列的教育规律,等等。但是教育学一直有个常识性的疏忽,那就是,我们强调"善",我们强调"真",但我们却很少强调"美"!实际上教育实践不仅需要一个合规律性的标准、合目的性的标准,而且必须有一个

---

[1] 参见拙文《教育活动评价的第三标准》,《中国教育报》1997年2月27日教育科学版。

"合规律性与合目的性相统一"的标准,那就是"美"的标准。其实,人类社会所有的实践都应当有"真、善、美"这三个标准乃是一个常识。可是奇怪的是,我们教育活动往往只谈"真"与"善"。所以,从那时候起,我就一直呼吁要建立教育活动评价的第三标准。

我在《中国教育报》上强调那个命题、发那些感慨的时候,想没想德育、德育美学观呢?当然想到了,但是我是不是只是讲德育呢?断然不仅仅是!因为所谓"教育活动评价的第三标准"应当是覆盖所有的教育活动,覆盖德、智、体、美等全部教育领域。所有的教育实践都应该遵循审美的原则。现在的问题是,教育学教科书缺乏美学常识,在现实的教育实践中,美育也是最不受重视的。所以我一直认为,从这个意义上说,迄今为止的教育学理论和实践都处在粗放型的、格调较低的历史阶段。

四、幸福和审美的共同秘密

我想大家已经注意到,今天的讲题还有一个副标题,叫"兼论现代教育的审美救赎"。下面我们就从这个副标题讲起。

附录Ⅲ

实际上,我们教育者应当经常问自己:教育是什么?教育有问题吗?有什么问题?

答案当然是中国的教育、全世界的教育都有问题。中国教育的问题,我们可以从正面去讲,也可以从反面去讲。如从反面说起,一个最典型的例子就是"应试教育"这个顽疾。从某种意义上讲,很多时候我们在座的都是应试教育的帮凶。的确,应试教育与其说是教育问题,不如说是社会问题。应试教育的形成乃至挥之不去,教育只能负很小的责任。为什么?因为全社会都是这样一个逻辑:"不要输在起跑线上"!"好的小学"为什么要重金进去?主要是因为要冲"好的中学"。为什么要不惜代价去竞争"好的中学"?是为了"好的大学"。"好的大学"仍然是工具性的,上好大学是为找到"好的工作"。最后"好的工作"也是工具性的,所谓"好的工作"就是那些赚钱比较多又比较轻松的工作。很多年以前,我有一个学生,我过问他的就业情况。他说"工作好找,好工作难找"。我说什么叫"好工作"。他最后表达的意思也是这个意思。简单一点就是"拿钱很多,干活很少"。于是,我就冷不丁对他说,你的意思,简而言之就是"少劳、多得",或者不劳而获、投机取巧?!这样一讲,就点醒了他。

按照康德的说法，一个伦理，如果不能普遍化，它肯定不是健康、理性的规则。试问：如果每个人都奉行"少劳、多得"这个原则，那多得的那个部分又从哪里得来的呢？你多得的部分一定是从别人那里拿来的！这一定是一个剥削的、不公正的逻辑，怎么会成为你选择职业的标准?! 还有一个最关键的问题是，好的小学、好的中学、好的大学、好的工作、好的生活，不是一个没有破绽的逻辑。因为到最后，在"好的工作"跟"好的生活"之间有可能断裂！[1]"好的生活"肯定应该是幸福的生活，可事实是高收入未必等于生活幸福。很多收入很高的人，并不幸福，怎么办？最后这个链条一旦断裂的话，你会发现前面的一系列逻辑关系就会失去基础。

所以，从一开始我们就要问：教育到底应该而且能够给孩子们什么？所有的教育活动，对于孩子们来讲，都是为了他们生活质量的提高，换言之，实际上最重要的标准就是生活幸福。而"幸福"既是一个伦理的范畴，又是一个美学的范畴。孩子们失去当下及未来的幸福，教育就没有意义。

---

[1] 参见拙文《以专业的德育提升生活的品质——当前中国德育改革应该直面的十大课题》，《人民教育》2010年第15—16期。

附录Ⅲ

为什么应试教育挥之不去,在我看来,就是因为我们这个社会充满了实利主义!大家全是一个应试教育或者实利主义的逻辑。某些场合有些人可能会不承认:我受过高等教育,我是高级别的领导,我也会这么想吗?可是,你不这样想,那么你为何跟芸芸众生一样去帮自己的孩子择校?所以不管这个人他的外包装怎样,基本上中国大多数家长实利主义的逻辑是不变的。如果这种逻辑不改变,如果这种社会哲学不改变,整个社会风气都不改变,全社会都在为上课"零抬头"的学校鼓掌的时候,那么很多学校就都经不起这种诱惑或压力,都走应试教育那条路。大家一起为虎作伥当然是不对的。但最最重要的根源是,推动为虎作伥的这个机制之一,本质上我觉得是社会心理的问题,是社会哲学,即实利主义的社会哲学问题。如果社会文化、社会哲学不改变,应试教育的现状也就很难得到根本的改变。当然,我们教育系统也可以做适当努力,尽量使我们学校的教育水平相对高一点、教育异化相对少一些,这也是可能的。但是如果整个社会,这个土壤不变的话,我们会遇到很大的麻烦。所以我觉得应试教育之所以摧残学生,尽管全社会都在大声疾呼,但实际上相应的改革措施却落不到实处,根本的问题不是那些技术性的教育问题,而是社会观念、社会哲学（实利主义哲学）的问题。我们可能需要进一步发问：实利主义的社会观念如何改变？有没有相反的逻辑——非功利的逻辑可能性？

上面是一种反面的教育批判。下面，我们从正面看。中国现在经济实力一直往上升，但是我们也有很多忧虑。你一直升又怎样，你不就是"来料加工"的厂子比其他发展中国家多一点吗？所以，钱学森先生去世前对共和国总理的发问，问倒了所有中国人：为什么我们的教育培养不了大师？

那个大师啊，那个创造性人格啊，为什么我们如此之少？根本原因到底在哪里？我们很少去反思。其实"独立人格"跟"创造性人格"这两个问题，对我来讲，差不多就是一回事。独立人格更具价值性，创造性人格更具工具性，但实际上是一回事情。如果一个学生，没有独立人格，老师讲什么就听什么，他是不会有真正的创造性的。如果一个大学教授，什么东西都要依据上级指示办事的话，他也就没有独立的学术研究可言。换言之，失去独立人格，我们就不可能有真正意义上的创造性。

到目前为止，从体制上讲，教育有两个问题：一个是我们自己的问题，另一个是全球性的问题。这都是非常非常难超越的。我们自己的问题是体制上的问题。如果所有自由的翅膀都被约束，以人身依附为逻辑的社会约束太多的话，是不可能有独立人格的。如果这个东西不改变，创造性人格也许偶尔会有，但是想大规模地培育创造性人格，是不可能的。有时候你会发现发达国家的教育也可能是很糟糕的，例如一些学生太过自由、散漫。但是从某个意义上来讲，恰恰他的自由、散漫可能会造就他的独立人格、创造性人格。

独立人格、创造性人格培育在全球范围内遭遇到的最大的问题是什么？就是工业化、现代性膨胀的问题。工业化、现代性的逻辑，是把所有的人都磨平，变成标准件、变成"单向度的人"。有些是我们无奈的，有些则是我们无意识地强化了这种无奈。

什么是无奈的教育问题？比如我们想把班级授课制、集体教学体制取消，短期内看不到希望，就是发达国家如美国也做不到。因为你有那么多人，社会负担不起个别化教学的成本。其实班级授课制就相当于工厂的流水线作业，你会发现，泯灭人的个性的教育异化与机器大工业时代的来临有密切的关系。而美学明确反对这一异化的逻辑，从席勒开始直到今天，两百年、三百年矢志不渝。当然现在还有后现代的哲学批判。许多后现代思想家明确反对确定性，反对过死的规律性，反对机械特征，反对流水线思维。一方面，流水线作为生产线，是一个伟大的进步，因为它能批量生产，大大促进了生产力的发展。另一方面，人之所以不同于动物，是因为人具有非常独立的人格、非常自由的意志。人格的本质特征是自由，而现代性所扼杀的恰恰就是人的本质、人的自由。所以，从工具逻辑上来讲，没有自由，就没有创造性人格；从本体意义上讲，没有自由，就没有人的本质存在。

马克思在《1844年经济学—哲学手稿》里有一段非常精彩的关于人本质的描述，"人的类本质是自由自觉的活动"。我觉得这是马克思关于人的本质的最好概括。虽然马克思也讲，人的本质就其现实性而言是一切社会关系的总和。我认为人的本质与人的本质形成的条件是两回事。我觉得最概括性地讲，最精辟的本质应当是与其他动物比的"类本质"。动物是按照动物的法则在生存，而人可以超越自然法则，当然是"自由、自觉的活动"。所以，我觉得如果从这个意义上来讲，现代教育问题之多，重要原因在于我刚才讲的体制对我们的约束，以及我们和全世界都共享的现代社会的现代性对我们的影响。独立性人格、创造性人格为什么不能产生？根源是社会的异化，然后再导致教育的异化。

异化这个词，我相信绝大多数老师都知道。异化是指"劳动异化"。按照马克思的讲法，异化就是人的劳动所创造的东西反而变成奴役自己的力量这种现象。比如，货币是不是我们创造的？结果货币可以成为我们生活的主宰。房子是不是我们创造的？结果我们许多人居然成为"房奴"！劳动本该是主动、创造因而愉悦的事情，结果却变成了一个被剥削、被奴役的状态。这种本末倒置、违背自然的东西就叫异化。我们再进一步想想，我们的教育有没有异化？我觉得我们不是有没有异化的问题，而是现在教育异化的成分太多的问题！教育到底要干什么？我觉得教育至少是要帮助人、解放人的。可是结果呢？我们可以扪心自问，我们是帮助人还是约束人？！教育应该是让我们的孩子更有创造力，让他们张开想象的翅膀，可是我们一天一天枯燥的机械训练，是让他们的翅膀张得更开吗？！我们天天在做的那些工作，是在害孩子还是在帮孩子？天晓得！

我曾经对一个中学校长说，学校要变革，首先要烧掉所有的练习册。我记得我20世纪80年代的从教经验。

让德育成为最美丽的风景

我曾经在一个农村普通完全中学工作过，我的高考成绩非常好的原因，可能是因为我们那时候根本没电脑、没PPT，我们要刻钢板。就算搞应试教育，至少那时我们首先得把天南海北的复习资料汇在一起，挑一挑所谓"好的"题目，再刻钢板印给学生们做。在那种"落后的"情况下，教育机制反而是对症下药、因材施教的。因为我在刻钢板的同时，对那些练习题是有筛选的。我是把我认为的好的题目、合适的题目筛选出来给我的学生练的。现在大量印制的复习手册，有哪一个是为我们某一所学校某一个班级准备的？那是不可能的！但我们现在很多学校，最简单的做法就是买一大堆的复习资料，所以高三学生那个案头啊，山一样！我每次看到他们的案头资料堆得那么高，心里都充满了痛苦。我觉得都几十年过去了，我们的教育为什么反而还不如以前的教育？！我们的社会更先进，我们的技术手段更先进，可是我们孩子实际得到的教育（即使是在应试教育的标准之下）怎么会比以前更差呢？所以，我觉得当前教育的异化是非常严重的。在这种情况下，你再去想应试教育的问题、独立人格的问题、创造性人格的问题，为什么那么严重、那么挥之不去，你就很容易想通。

附录Ⅲ

再回到我们的题目。教育工作者必须经常问自己一个问题，就是"你幸福吗"。很可惜，这个严肃的人生问题已经在不久前被媒体人问掉了，以至于现在如果有人问"你幸福吗"，大家都当作一个笑话了。但其实，这个问题是个重要的、永恒的人生追问。人生最重要的追问，莫过于此。同时，现代教育的救赎之路在哪儿呢？我觉得也是与这个幸福概念有关系的。

幸福到底是什么？我一直认为，幸福既是一个伦理的范畴，又是一个审美的范畴。

幸福概念是应该加以澄清的，不然就极容易被误解。比如，幸福到底是什么？有钱就是幸福吗？我的房子比你的大，那我就比你更幸福吗？又比如，我很多的欲望没有得到满足，我还能幸福吗？这些幸福的追问，往往都是缺失性需要是否得到满足。所以在这种情况下，你问人家幸福吗？人家农民工，收入很低，他幸福什么?! 实际上，你倒过来问两个问题倒是有一些道理的：一是一些农民工为什么不幸福？二是所有农民工都不幸福吗？

在伦理学上，幸福应该如何定义？我认为，幸福是一种主体意义得以自由实现的人生状态。或者说，幸福是人之为人的本质自由实现时的主体生存状态。什么是幸福？

比如，一个老师在课堂上非常自由地展现其教学才华的时候——尽管他下课的时候觉得很累，但是他觉得"棒极了"，那就是幸福。所以当一个主体的自由本质得到实现的时候，这个主体生存状态就是幸福。这是伦理学意义上的幸福。因此，伦理上的幸福与人的自由及其实现有非常内在的关系。

美学上的幸福，就是人生的惬意、美好，具有审美色彩。虽然关于美，苏格拉底就公开讲过，给美下定义是特别难的，但是很多美学家都赞成，美与自由有内在关系。

比如，黑格尔说什么是美呢？他举了一个例子：一个小孩在池塘边将石头往池子里扔，当他惊奇地看到那个石头激起一圈一圈涟漪的时候，那个时候就可能有美和审美！后来他又解释说，为什么那个时候会产生美感、产生美呢？是因为，那个孩子在那一圈一圈的涟漪里看到了自己。看到了什么样的自己？马克思有两个非常精彩的表述。第一个是"本质力量的对象化"。就是说，我们在对象中看到了"人的本质力量"，所以我们可能就产生美感，认为对方就是美的。所有美好的事物，包括自然物，包括纯粹的形式，只有我们在对象当中看到了自己，我们才能在客观对象当中读懂他、欣赏他，对方才是美的。那本质力量的对象化是什么？本质力量又是什么？马克思的另一句话，也是我十分推崇的一个命题，即"人的类本质是自由自觉的活动"。我认为人最重要的本质就是自由。换言之，不管什么东西，一个活动也好，一个现象也好，如果我们能从对象中间观察到人的自由本质，那么美就有可能发生，对象就能被我们读懂，因而它就是美的。当然，自由在不同的人那里表述是不一样的。比如，审美自由与政治上的自由概念就是略有区分的。政治自由是指摆脱奴役，按照自主的意识去行动（当然也要为这个行动负责任）。它更多的是表达自主意志。但审美自由不完全是这个意思，审美自由是什么呢？当你说一个活动是自由的，就意味着这个活动不可能只是机械地"合乎规律"的。比如说一个老师上课的美，或者真正意义上的审美自由，就是我们觉得他"棒极了"的那种教育者主体的自由。这个如庖丁解牛一样的老师，他的教育美之所以成立，是因为他有教育活动的主体自由。自由在形式上的特征也就是"合规律性与合目的性的统一"。马克思说"动物只是按照它所属的那个种的尺度和需要来构造"。而人呢，不仅按照内在固有的尺度去活动，而且按照任何物种的尺度去活动。我们不是鸟，我们本不能飞，但后来我们比所有的鸟儿都飞翔得更高；我们没有鱼鳍，但我们比任何鱼类都会游泳。人类跟别的物种最大的区别就在于他的自由特性。当然，这种美学意义上的自由，并不是你想干什么就干什么——庖丁解牛，你游刃有余的关键，是因为你完全熟知牛的骨骼。因此合规律性、合目的性的完全统一才是美学意义上的自由。

所以，主体自由本质的实现，如果从伦理上讲，它就可能导致幸福。而如果从审美意义上来讲，它就可能产生美。换言之，美的生活或者幸福生活，你可以用不同的形式去表达，但意思是一个。

我在20世纪90年代做德育美学观研究的时候，学习过许多种美的定义。当时中国美学家中的多数人是按照马克思的"本质力量的对象化"或人的"自由的对象化"这个理路去阐释美的。而"自由的对象化"在我们国家有很多种表述，有人说是"自由的象征"，有人说是"自由的形象"。高尔泰先生的表述是"自由的象征"——这个事物我们之所以欣赏他，是因为我们主观上看到我们人的优越与自由。蒋孔阳先生说，这个事物之所以美，是因为它一方面展现了人类自由，另一方面它又有另一个形象给你看。我在德育美学观的论述中采用的美的定义是李泽厚先生的

附录Ⅲ

"美是自由的形式"。这是什么意思呢?它跟象征、形象有什么区别呢?我认为"象征"的主观性太强,对美的客观属性观照不够;而"形象"我又觉得太窄了,比如数学美、科学美就不一定能以形象表现,它会表现为某种抽象的逻辑美。比如说一个数学公式、一个物理题的解法等等,它有简洁、明快等美感,但那种美感不可能是一种形象,而是一种明快的逻辑,一种理念性质的东西。这种理念性质的东西的出现作为智慧形式当然会被学生欣赏,也有智慧美,可是它却不能归结为形象。所以,我觉得"自由的形式"是比较合适的。

如果我们把美定义成"自由的形式",而所谓"自由的形式"就是"合规律性与合目的性的统一"的话,我们就会发现这个结论是非常有用的。美学家赵宋光先生有一个很好的观点。他说,这个美的存在以及审美活动发生的时候,事物本身一定要有美的形式,叫"中介结构"。事物那个美的中介结构与我们发生关系的时候,我们才能看到美,因为美本身是个非常抽象的东西。所谓中介结构,其实就是"合规律性与合目的性相统一"的形式。

依据这一理论,我认为中介结构在德育美的解释有两种情况,第一种情况是中介结构的外化方面,"以真为形式，以善为内容"。需要说明的是，这个"真"跟"善"与我们的日常用语是两回事——"真"就是"合规律性"，"善"就是"合目的性"。美的规律不同于纯粹"真"的规律之处，在于它的合规律性中间包含了合目的性。它在向我们"许诺自由"。它所表达的是一种许诺的自由的美。什么叫许诺的自由呢？就是它不一定是现实的自由，但你按照这个原则去办事的话，你就能获得自由。德育内容里道德的智慧美就是最典型的"许诺自由"例子。比如，"信近于义，言可复也"——就是你对别人的承诺，如果程度恰当，那就比较容易兑现；如果你总是兑现承诺，人家就当然信赖你，那就"言可复"也。"恭近于礼，远耻辱也"也是一样，你对长者的恭敬保持一定的分寸以后，你就远离耻辱——因为过于傲慢会导致耻辱，阿谀奉承同样会自陷于耻辱。所以你对人的恭敬在礼法之内的话，你就远离耻辱！你会发现，礼是规律，义是规律，可是当我们把这些伦理规范"许诺自由"（合规律性后面的合目的性）的性质展示出来的时候，你马上就会发现原来那是伟大的伦理智慧！如果这样做，你就会获得自由，这就叫"许诺自由"。以此类推，比如说某一个数学题的解法，如果它美的话，也必然具有这一特征。当你把这个招数可能带来的自由揭示出来后,学生就不只是接受这个招数,而是爱这个招数,是智慧美的欣赏。

其实任何教育活动,如果我们能兼顾到审美的角度的话,促成"乐学"的概率都会大大提高。在日常教育生活中,我们往往浪费很多教育的机会。比如,劳动课结束的时候,很多老师会习惯地说:"赶紧把东西收拾好,走人!"其实劳动结束以后,是最好的审美时机。你想,经过打扫,原来乱糟糟的教室,现在窗明几净,让大家看看"我们的教室多么漂亮!多么美好!"你哪怕只有一句提示的话,也比让大家"赶紧走人"所收到的效果更好。很多时候,"异化"跟恢复正常的生活逻辑其实就是一念之差。

另一种美,指的是中介结构的能动方面。打个比方,如果前面是解释"德"(解释教育内容)的话,后面这个中介结构解释的是能动的形式,即教育实践之美或者"育"之美。前面所说的外化或客观方面,你首先看到的就是合规律性,然后才是合目的性。这里所说的能动方面则相反,它"以善为形式,以真为内容"。比如庖丁解牛,让人首先感觉到的好像是他要怎样就怎样。但美的活动不同于纯粹的善的活动的地方,就在于合目的性后面存有主体活动的合规律性。因此活动之美,是在形式上实践自由,在现实活动中施展自由。一个老师出神入化地教学，就是在施展自由。当然人们从主体活动到达到目的的过程之中，看到运用规律的理性，才会觉得这老师真棒。

"合规律性与合目的性的统一"，还可以解释很多东西，比如说人格美。一个学生的道德成长被你欣赏，不只是说他合乎规范，而是你发现他对道德规范的遵守近乎展示了他天性良善的境界，那也是庖丁解牛！同理，你会发现"孔颜之乐"的妙处仍然是合规律性与合目的性的统一。"孔颜之乐"是伦理的境界，更是美学的境界。"饭疏食，饮水，曲肱而枕之，乐亦在其中矣。不义而富且贵，于我如浮云"，这个"乐"可以理解为今天的幸福。他为什么能做到前面那句话（"饭疏食，饮水，曲肱而枕之，乐亦在其中矣"）所表述的，关键就在后面的那句话（"不义而富且贵，于我如浮云"）。不管怎样，没有道德的自由，就没有这种人格的美。

在日常德育中，最重要的审美要素实际上就这么几个。首先是人格美，如果我们老师的师表形象能够做到那种程度的话，那么学生就是如坐春风；学生也是，如果学生身上那些道德的美好被我们发现，并且被我们不断强化的话，那么这就是最美好的德育、教学相长的美好人生。其次是

"德"美或是教育内容之美。如果枯燥的社会规范学习，居然能还原成一个有趣的东西，还原成智慧上既有挑战又有精神享用性的东西，那么德育美就已经出现。这就是德育内容之美。再次是德育活动的外观形式美，就是刚才说的施展自由之美。我们要想办法，在我们的教学中、在班主任工作中、在学生教育工作中，创造施展自由的美好。最后是教育境界之美。境界就是超越具象的东西，但也是"合规律性与合目的性的统一"。

无论是教育活动、教育内容，还是道德人格，其最高境界都是审美自由。而失去自由即失去一切美的可能。在很多观摩教学中，会出现这样一种情况，比如说，一个老师看另一个老师今天讲课特别精彩，就那么几步，非常简单，淋漓尽致。他回去就按照这个模子套下去，亦步亦趋地教学，却没有预期的美好。那位老师就会失望，就没有那种教育的幸福感。个中原因很多，究其要者可能就是因为，你在简单套用——而当你完全东施效颦的时候，对其他老师来说是施展自由的模式，于你却是失去自由（受约束、被奴役）的模式。主体自由是否存在，是德育美、教学美是否存在的关键。

换言之，"你幸福吗？"不如换成"（在审美意义上）你自由吗？"自由意味着什么？自由首先意味着你的生活必须有某种目的性——你必须想干点什么，你想干点什么你才是自由的。其次，你的目的还要能自由实现，这才是真正现实的自由。对于我们教育者来说，幸福的两个条件是什么？第一，我们要把教育工作当重要的事情做，当事业做，我们希望成就一番教育事业。比如我是一个小学数学老师，我就想把小学数学教得最精彩。我应该有这样的想法，不然我就没有教育幸福的可能性。因为如果我把数学教好一点，在努力探索后，我真的教得比以前好。如果这样，"目的性自由实现"这第二个条件也就自然满足了，那教育之"乐"就出来了。所以，很多时候，伦理上讲的幸福，跟审美上讲的美，其实是一回事，是同一个事物从不同角度的定义。今天演讲的最大目的之一，就是希望将我所理解的幸福和审美的这个秘密展示给大家。

经常有人问我：我们搞点外在的艺术形式放进去，是不是德育的审美化？德育美学观也好，欣赏型德育模式也好，最要害的部分在哪里？现在大家都应该能正确回答这些提问了——自由的形式的实现，才是审美创造最要害的东西，其他的东西都是辅助性的。就像某些外在的艺术形式的使用，如果失去主体自由，也一样会变成教学的丑。

比如，不该有音乐的时候，音乐出来啦，那不是添乱吗？那是不可能有"教学美"的！音乐本身是美的，但如果它妨碍了你的教学自由，那肯定是"教学丑"。

许多人听说我倡导德育美学观、欣赏型德育模式，所能想象到的，要不就是简单的"赏识教育"，要不就是在德育过程中加上点戏剧，搞点音乐、美术什么的。虽然我也并不排斥这种佐料性质的东西，但我所要强调的主要理念，当然首先不是这些浅表的理解，我的教育思辨是从哲学（美学）反思开始的。我并不排斥蒋孔阳先生的理论（美是自由的形象），很多时候我们教育的确要有些有魅力的外观，最好是形象的东西，尤其对中小学学生来讲，德育内容与形式的生动、具体、形象十分重要。但是切记切记：德育美学观、欣赏型德育的核心追求是道德、教育与审美的自由。这，才是最为重要的教育命题！

五、现代教育的异化与审美救赎

以上是从正面或美的构建的角度讨论的，这个角度当然是非常重要的。我们再回到另一个维度，即反过来的观照，就是"现代教育的审美救赎"。

为什么说,我们的现代教育、现代德育需要有美的救赎?

在我看来,简而言之,是因为对教育异化(如片面发展、强制灌输等)的根治特别需要通过审美改造去完成。

前面我列举过席勒所论述的"力量的国度""伦理的国度""审美的国度",其实席勒所讲的也正是这个以审美救赎现代社会的思路。席勒等人当时关注的是一种现代人的异化。工业生产、商品经济常常将人类朝两个方向引领,一个朝机械的、奴役的方向去,让人变成片面的人、被工业文明压制的人;另一个方向,实际上也是一种异化,就是把人导向动物,人越来越低级,远离人的高贵。席勒当然希望有一个更美好的社会——"审美的国度"。在审美的国度里,人的高贵,是通过合规律性和合目的性相统一的形式养成的。在这种状态中,人的高贵得以养成的同时,人的自由也得以保全。或者说,高贵的人格是通过自由的教育所培育的。这种现代人的修复,实际上是完整人性的修复,也就是现代教育的审美救赎。

审美救赎很重要。那么,美作为自由的形式,审美作为对自由的观照,在实践当中我们怎么去应用呢?我认为在实际教育生活中,审美的教育有以下三种存在方式。

附录Ⅲ

第一种方式当然是"美育"。这里的"美育"是广义概念，远大于艺术教育。任何教育如果具有审美意义，都属于美育。从这个意义上讲，我愿意介绍另一个概念。珠海有一个非常好的实验学校，他们在研读了德育美学观以后，2000年前后，他们开始自己琢磨着探索，并创造了一个概念叫"德—美育"。不是德育，也不是美育，而是"德—美育"！当然，一般来讲，我们现实的美育形式还主要是艺术类课程，而且艺术教育课程也严重不足。

第二种方式是审美技艺的教育应用。在教育过程中用点音乐、美术，讲点课堂设计、节奏的美感，等等。我们可以在很多艺术形态里找到可供教育活动应用的艺术、审美的工具。比如说，有的老师戏剧修养很强，他在戏剧里找到可以运用于教育的元素；音乐修养强的，可以为教学找一些背景音乐什么的；舞蹈元素、动画元素，所有审美元素都可以发掘出来，为我所用。如果我们能建立起这个艺术或审美技艺库，那么我们需要对教育活动做审美化改造的时候，一定会比较方便。

第三种方式是全部教育活动对审美精神、审美境界的追求。对于教育的改造来说，审美最重要的不是那些工具性质的东西。尽管工具也很重要，甚至有时候探索一些小工具也并不容易，但是最重要的是工具背后要有审美的灵魂。如果工具的东西组合起来反而失去了美的灵魂、美的本质的话，那么就会出现这样一种状况：工具本身是美的，但整个的教学却是丑的。这样讲吧，美学是未来的教育学，首先是精神上的，从本体论意义上来讲，它能修复人性，解放学生，让师生双方自由、幸福。修复人性就是要能活得像人，就要强调"趣味""游戏""自由""解放"等。

比如说"趣味"，一个异化的教育当然没有趣味，而健康教育应该是让人不亦乐乎、充满趣味的。通过艺术技艺的使用，通过审美精神的落实，合乎审美法则的教育应该是怎样的呢？当然应该是有"趣味"的教育。那"趣味"是什么？美学家朱光潜先生认为有两个意思。第一个是"有趣"，比如诗歌、小说等，能给人带来愉悦、有趣。第二个特征叫"纯正"。用我的话表达，这两个特征一个是"有趣"，一个是"有格"，就是有境界。我认为我这样的表达合乎朱先生的意思。他说人们之所以愿意看小说，而不愿意看诗歌，是因为在鸳鸯蝴蝶派的小说里能找到生活粗疵的形式。而朱先生所主张的审美趣味是排斥这个的。他认为审美趣味应当同时有两个特征（一个是有趣，一个是纯正），而非仅仅是"有趣"。我认为这才是美学、审美学对教育活动所要做到的"趣味"。教育要让儿童不亦乐乎,而这个不亦乐乎又不是低级趣味。很多年前,曾经有人提倡过"快乐教育"。让儿童快乐当然好,但这个快乐教育不认真定义的话,是极其危险的。因为某些低级趣味的活动也可能带来"快乐",而那个"趣味"更不是我们美学所倡导的"趣味"。真正审美上的"趣味"一定是有趣的,一定是生动活泼的,一定是孩子乐在其中、主体性得到弘扬的,但它绝不是朝低俗的方向去。审美,而非审丑。

从某种意义上讲,美学对教育实践的指导意义,就在于审美原则的运用能带来教育的"趣味",能够使学习变成一种高尚的游戏。学习与游戏到底有什么关系?一方面,学习跟游戏就像光谱的两极,学习就是学习,游戏就是游戏。但换一种思维,最好的学习又近乎游戏,而最好的游戏也等同于学习。真正的游戏状态,其实是人性丰满、人的主体性弘扬非常重要的表征。因为人在游戏的时候,其主体性、自由本质表现最为充分。

曾经就有美学家这样界定美,认为美就是一种游戏。虽然我觉得游戏太具象,跟美是人的自由本质的对象化比,我更倾向后者。但是在审美的帮助下,一旦教育的游戏特征在某种意义上得以恢复的话,教育的生动性也就得以恢复,完整的人性也就得以恢复。不在话下的是,当孩子们以游戏的心态,不亦乐乎地从事学习这个智力游戏的时候,智力活动不光使他们的完整人性得到肯定,不光使他们学习更有趣味,在座各位特别关心的学习成绩、教学效率也会提高。

其实一个最好老师的标志之一,是他有本事"忽悠"自己的学生乐此不疲、兴味盎然地从事学习!因为在那种状态下,师生双方的主体性都得到了最优越的体现。当然,趣味也好,游戏也好,本质上就是要让学习者在教育过程中获得自由、解放——审美意义上的自由、解放,即"合规律性和合目的性的统一"。其实,审美上的自由跟政治上的自由也有某种内在的联系。因为真正好的政治自由也是要对自己的行为负责任的。

总之,我认为健康的教育应该让学生实现当下自由和幸福,并且通过当下自由和幸福的学习去获得建构未来自由和幸福生活的主观能力。这才是我们的教育应该努力的工作方向。实际上,教育的全部意义、终极的意义都在于此。

但非常不幸的是,实际生活中的有些教育常常是压制

附录Ⅲ

学生、约束学生,甚至是残害学生的勾当——这些就是前面所说的教育异化!面对教育异化,我们常常推诿责任,常常说诸多教育异化都是由于社会的原因、体制的原因、历史的局限性,如此等等。但是如果很多客观的东西不能马上改变的话,那么那些操之在我的东西呢,我们是不是应当马上做,而不是将来做?!所以,最后我想用《论语·述而》里面的一段话做一个呼吁,也勉励我自己——"吾欲仁,斯仁至矣!"孔夫子教导我们说:践行仁德其实并不是很远的事情。如果你愿意,马上就可以践行仁德!今天提议将这句话改成:"我欲美,斯美至矣!"

前面提到《中国教育报》上关于教育活动审美标准的那篇文章发表后,我的一位老师(已故东北师范大学王逢贤教授)曾经在电话里对我说:檀传宝,你在鼓吹一种教育理想啊。我们的教育,哪里还有审美可言,能按基本规范办事就已经不错了!我回答说:首先,王老师你讲得很对,我说教育活动审美标准的建立,一方面的确是一种理想。不过,另一方面,教育活动的审美化又不完全是未来的事情,而是当下的事情。因为孔夫子等伟大的教育家早在两千多年前就有过诗教、乐教的理想与实践成就。而在现实中,我相信几乎任何一个老师都体验过教育生活的幸福。而依照刚才的原理（教育幸福就等同于教育美），如果教育生活中你曾经"幸福"过，你就一定已经创造过"教育美"，只不过你没有意识到那是美的创造带来的惬意，你也并不一定是用狭义的美（艺术美）的创造方式去获得这一美感体验而已。当一个老师非常轻松地完成一堂课的教学，当他乐滋滋地走出教室的时候，他当然已经无意识地创造了教育教学的美！所以具有审美性质的教育活动一方面是解放孩子，另一方面也是解放我们自己。具有审美性质的教育活动能够让我们自己从日常的、琐碎的、庸俗不堪的、为生计所迫的奴役性劳动状态上升到一个为自己的事业、为自己生命意义的提升去拼搏的生活样态。因此，教育生活的审美化，对教师自己也一直是最人道的选择。全世界的教师在经济上可能都不是最富有的，但我们的伟大有一点是任何其他行业都不能与之相比的——教师是幸福人生的批量"再生产"者。从某种意义上讲，几乎所有的幸福人生都可能是从我们的课堂里开始生根、发芽、开花、结果的。也正是因为这一点，我们就有可能获得人生最大意义的幸福感。世界上如果有一个最高的美的话，我认为那应该是教育之美！

附录Ⅲ

所以最后一句话与大家共勉：为了我们自己，为了我们的孩子，为了国家与社会的健康发展，我们需要有一种"我欲美，斯美至矣"的勇气和实践。